KB248446

생명의 사람

The Man of Life

윤종수 성서 명상 시선

생명의 사람 The Man of Life

2019년 2월 15일 초판 1쇄 인쇄
2019년 2월 22일 초판 1쇄 발행

지 은 이 | 윤종수
펴 낸 이 | 김영호
펴 낸 곳 | 도서출판 동연
등   록 | 제1-1383호(1992. 6. 12)
주   소 | 서울시 마포구 월드컵로 163-3
전   화 | (02)335-2630
전   송 | (02)335-2640
이 메 일 | yh4321@gmail.com

ISBN 978-89-6447-460-0   03230
ISBN 978-89-6447-450-1   03230 (세트)

윤 종 수 성 서 명 상 시 선

생명의 사람
The Man of Life

동연

생명의 길을 걸어간다.

주어진 한줌의 시간을

하늘에 바친다.

그것을 위해

목숨을 건다.

그것 외에

내가 할 것이 무엇인가?

차례

1장

광야의 길

2장

무엇을 원하느냐

3장

당신의 나라가
임하소서

4장

예루살렘을 향하여

프롤로그(Prologue)

나는 하늘에서 내려온 외계인이 아니다.
나는 높은 곳에서 우주를 다스리는
절대자가 아니다.

나는 가난한 식민지,
수탈의 땅에서 태어난
갈릴리 사람의 아들이다.

나를 믿지 말라.
나를 섬기지 말라.
나를 위해 노래를 부르지 말라.

나와 함께 길을 걸어가자.
거룩한 순례의 노래를 부르자.
그 길이 생명의 길이 되게 하자.

나는 너희 안에 있다.
나는 너희와 함께 있다.
나는 너희 한가운데 있다.

기적의 신화를 벗으라.
그런 것을 바라보지 말라.
그저 묵묵히 생명의 길을 걸어가자.

다만 희망을 버리지 말자.
진리 안에서 자유를 누리며
지금 여기에서 하늘의 삶을 살자.

욕망에 집착하지 말자.
땅의 것을 구하지 말자.
정의와 평화의 나라를 구하자.

모두가 이 길을 걸어간다면
여기가 하늘의 나라일 것이니
온전한 구원이 이루어질 것이다.

그것이 삶의 완성이다.
너희가 그토록 원하는
영원의 삶이 될 것이다.

1 장

광야의 길

1. 시작

삶이 어렴풋이
존재를 드러내었을 때,
그의 중심에서
한 소리가 들려왔다.

일어서라.
때가 되었다.
잠든 영혼을 깨우라.
생명의 역사를 시작하라.

나는 더 이상
앉아있을 수가 없었다.
무언가 행동을
시작해야 했다.

무엇이든지
움직임이 필요했다.
어떻게든지 시작만하면
결과는 이루어질 수 있었다.

먼저 창조의 뜻을
알아야 했다.

내 존재의 이유를
깨달아야 했다.

그래야 생명의 역사가
시작될 수 있었다.
나는 거기에서
출발해야 했다.

사람의 아들이
하나님의 아들이 되었다.
그가 그곳에서 나를
기다리고 있었다.

나머지는
나에게 맡겨졌다.
나는 더 이상 앉아서
하늘을 바라보지 않았다.

하나님의 아들 예수 그리스도의 복음의 시작이라. Mark 1:1

2. 준비

세상에는
저절로 그냥
우연히 일어나는
일은 없다.

모든 일은
하늘의 뜻을 이루기 위한
거기까지의
준비이다.

그것을 아는 자는
모든 것이 거룩하다.
무릎을 꿇고
밥을 짓는다.

그것을 위해 내가 왔다.
내가 세상에 온 것은
그 뜻을 이루기 위해
길을 닦는 것이다.

정성을 들이지 않고
쉽게 되는 일은 없다.

마음을 씻고 생각을 모아
희망의 불을 지핀다.

무엇이 존재의 이유인지,
무엇 때문에 살아가는지,
그것만은
알아야 한다.

나는 오늘도 생명의 방주를 만든다.
노아의 홍수를 헤쳐가기 위해
넘실대는 홍해를 건너기 위해
내 손의 지팡이를 높이 든다.

역사는 마지막까지
포기하지 않고
체념하지 않고
기도를 드리는 자에 의해 일어난다.

너희는 주의 길을 준비하라. 그의 오실 길을 곧게 하라. Mark 1:3

3. 광야

내가 있을 곳은
그곳이 아니었다.
나는 역사의 광야로
나와야 했다.

생명은 항상
고난 속에서 태어난다.
역사는 언제나
그 속에서 이루어진다.

한 생명이 태어나려면
자기를 찢는 아픔이 필요하다.
새로운 창조를 위해서는
그 과정이 있어야 한다.

그는 사랑하는 사람을
광야로 불러내신다.
나는 그것을
알고 있었다.

광야는 치열한 통찰의 자리이다.
자신을 돌아보고

세상을 바라보는
삶과 죽음의 현장이다.

자기에게 남겨진
마지막 목숨을 내려놓을 때
그때에야 비로소
진정한 자유를 알게 된다.

수많은 상념이 흐르고
그 속에서 괴로워하는
자신을 바라볼 수 있을 때
참 자아의 모습을 깨닫게 된다.

그렇게 광야에서 40일,
나는 다시 태어나게 되었고
마침내 말이 필요 없는 세계에서
하늘과 땅이 통하는 미소를 짓게 되었다.

성령이 곧 예수를 광야로 몰아내신지라. Mark 1:12

4. 가까이

철이 든다는 것은
때를 아는 것이다.
이제
나의 때가 되었다.

기다릴 때가 있고
일어설 때가 있다.
버릴 때가 있고
잡을 때가 있다.

위기는 기회이다.
이제 내가
일어서야 한다.
사람들은 그것을 기다리고 있다.

그의 죽음을
헛되게 할 수는 없다.
그의 뒤를 이어
생명의 꽃을 피워야 한다.

때가 되었으니
불만 던지면 된다.

그 나머지는
역사가 알아서 할 것이다.

자기의 때를 알고
거기에 자신을 던지는 사람.
그들에 의해서
생명의 역사는 일어난다.

지금은
회개의 때이다.
하늘의 소리를 듣고
그의 앞으로 나와야 한다.

믿음을 가지고
그의 때를 기다려야 한다.
그리고 때가 되었을 때,
자신을 역사의 불에 던져야 한다.

때가 찼고 하나님의 나라가 가까이 왔으니 회개하고 복음을
믿으라. Mark 1:15

5. 어부

그들은 더 이상
물러설 땅이 없다.
아직 가진 것이 남아있는 자들은
뒤를 돌아보게 된다.

비겁한 자,
뒤러 물러서는 자,
가진 것을 지키려 하는 자들이
역사의 진보를 일으킨 적이 없다.

나는 그들에게 희망을 두지 않는다.
가진 것을 버릴 줄 알고
빈손으로 하늘의 부름을 따르는 자들이
역사의 수레바퀴를 움직일 수가 있다.

잊지 않고
그것을 생각하는 자들에게는
그것 외엔 아무것도
보이지 않는다.

이것이 내가
그들을 택한 이유이다.

그들이 나를 택한 것이 아니고
내가 그들을 불러 일으켜 세웠다.

일할 때는 그물을 던지고
쉴 때는 그물을 깁는 사람.
준비된 자만이
때를 얻을 수가 있다.

혼자 잘 하는 것이 아니라
같이 잘 할 수 있는 사람.
진정으로 소중한 것을 위하여
작은 것을 버릴 수 있어야 한다.

살아가기 위해 자기 일을 하지만
눈은 항상 하늘을 바라보아야 한다.
자기를 부르는 소리에 몸을 던져 투신할 때,
거기에서 생명의 역사가 일어나는 것이다.

나를 따라오라. 내가 너희로 사람을 낚는 어부가 되게 하리라.
Mark 1:17

6. 새 교훈

병든 세상.
무지의 영혼들.
아무것도 모르고
어둠에 휘둘리고 있다.

어둠을 밝혀야 한다.
세상에 한줄기
구원의 빛을 비추어야 한다.
진리가 너희를 자유케 하리라.

죄는 어디에서 오는가?
죄는 어둠을 타고 들어온다.
마음이 어두우면
세상도 어둡다.

항상 처음으로
돌아가야 한다.
매일 마음을 깨끗하게 씻어
하늘의 그림을 그려야 한다.

성화의 길을 걸어가야 한다.
욕심을 버리고

겸손히 무릎을 꿇고
하늘의 뜻에 따라야 한다.

자기 배만 생각하는
이기주의를 버리고
하늘의 뜻을 먼저
생각해야 한다.

욕망에 사로잡힌 자들은
자신이 괴물이 된다.
자기가 자기의
먹이가 된다.

잠잠하고
거기에서 나오라.
하늘의 소리를 들으라.
진리의 길을 걸어가라.

이는 어찜이냐? 권위 있는 새 교훈이로다. 더러운 귀신들에게
명한즉 순종하는도다. Mark 1:27

7. 전도

그들은 오늘도
하늘을 바라보고 있다.
무엇을 구하는가?
사람은 자기가 구하는 것을 움켜쥐게 된다.

무엇을 섬기는가?
사람은 자기가 섬기는 것을 닮아간다.
그들은 오늘도
자기의 신을 섬기고 있다.

어찌하여 나를 찾는가?
네 안에 모든 것이 있고
네 안에 모든 길이 있는데
지금 무엇을 찾고 있는가?

어찌하여 하늘을 바라보는가?
너 자신을 통해
우주를 볼 수 있고
그 안에 모든 해답이 있거늘…

길을 알면
헤매지 않고

진리를 알면
흔들리지 않을 것.

그 길을
묵묵히 걸어간다면
하늘을 알고
땅을 알게 되리니

말이 필요 없는 세계에서
가벼운 말로 하지 말고
너의 삶으로
이야기하라.

나를 우상으로 만들지 말고
나를 죽이라.
그리고 나를 밟고
하늘의 세계로 나아가라.

우리가 다른 가까운 마을들로 가자. 거기서도 전도하리니 내가
이를 위하여 왔노라. Mark 1:38

8. 내가 원하노니

뜻이 있는 곳에
길이 있다면
뜻을 세우지 않고는
길이 없으리라.

먼저 뜻이 있고
그 다음 창조가 있었으니
창조의 세계는
뜻으로 되었도다.

뜻을 세우라.
생각에 집중하라.
너를 위하고 하늘을 위하여
너의 마음을 모으라.

손 하나 드는 것도
눈꺼풀을 여는 것도
뜻이 있어야
되는 것이니

영혼을 불쌍히 여기고
너의 손을 내밀어

사랑의 마음을
발원하라.

무엇을 위하여
너희 삶을 살 것인지,
목표를 정하고
행동하라.

모든 행동은
생각에서 출발하고
의지가 있어야
역사도 있는 것이라.

사람아,
내가 원하노니
너의 삶을 바쳐
하늘의 뜻을 이루라.

예수께서 불쌍히 여기사 손을 내밀어 그에게 대시며 이르시되
내가 원하노니 깨끗함을 받으라. Mark 1:41

9. 그들의 믿음

하늘도 너를
정죄하지 않는데
누가 너를
죄인이라 하는가?

우리가 의인이 되어
은혜를 받음이 아니요
모든 죄를 사함 받았음을 믿기에
은혜를 입는 것이니

우리의 의로움을
자랑함이 아니라
용서받은 그 사랑에 감사하여
은혜를 갚는 것이라.

형제를 위하여
작은 사랑을 베풂이
하늘이 보시기에
가장 큰 믿음이다.

생명의 사람은
죄를 사하는

권세를 가졌으니
네 죄가 사함을 받았도다.

네 상을 가지고
집으로 돌아가라.
거기에서
할 일이 있으리라.

선을 행하다가
낙심하지 말라.
때가 이르매
거두게 되리라.

너희가 힘을 합하면
하늘이 열리리라.
너희의 믿음으로
세상의 악을 이기라.

10. 자리

사람아,
너의 자리가 어디인가?
네가 있어야 할 자리를 찾으라.
그 자리에 있는 것이 하늘의 뜻이니

너는 거기에서
무엇을 바라는가?
너는 무엇을 찾는가?
너는 지금 어디에 있는가?

네가 있는 자리가
너 자신을 결정하니
너의 자리를 삼가라.
아무 자리에나 가지 말라.

죽은 고기가 있는 곳엔
독수리가 모여들고
썩은 재물이 있는 곳엔
악인들이 모이나니

아무도 가지 않고
모두가 원하지 않는

그곳을 찾아가라.
거기에 내가 있으리니

내가 있는 자리는
하늘만 보이는 곳.
세상을 바라지 않는
하늘과 가장 가까운 곳.

하늘이 주시는 것 외엔
욕심을 부리지 말고
허황된 것이라면
바라지 말라.

나에게 오라.
나와 함께 가자.
역사의 십자가를 지고
하늘의 뜻을 이루어가자.

또 지나가시다가 알패오의 아들 레위가 세관에 앉아있는 것을
보시고 그에게 이르시되 나를 따르라 하시니 일어나 따르니라.
Mark 2:14

11. 출발

새롭게 시작한다.
똑같은 길을 걸어가지 않는다.
같은 방식으로 해서는
새로운 역사를 일으킬 수가 없다.

억지로 하지 않는다.
기쁘게 한다.
좋아서 한다.
신나게 한다.

지금은 금식할 때가 아니다.
혼인집에서 금식할 필요가 있겠느냐?
신랑과 함께 있을 동안에는
같이 기뻐하는 법.

그러나 신랑을
빼앗길 날이 이르리니
그날에는 금식할 것이다.
억지로 하는 사람이 성공한 적이 없다.

세상에서 제일 무서운 사람은
될 때까지 계속하는 사람이요

그보다 더 무서운 사람은
그것을 즐기면서 하는 사람이다.

새로운 출발도 이와 같다.
새 포도주는 새 부대에 담아야 한다.
그때부터
생명의 역사가 시작되는 것.

옛것으로 새것을 만들 수 없고
새것을 옛것에 담을 수가 없다.
새것은 옛것에서 일어나고
옛것은 새것으로 완성된다.

전혀 새로운 시작이다.
항상 새롭게 시작한다.
거기에서
생명의 꽃이 피어난다.

생베 조각을 낡은 옷에 붙이는 자가 없나니 만일 그렇게 하면
기운 새 것이 낡은 그것을 당기어 헤어짐이 더하게 되느니라.
Mark 2:21

12. 주인

역사의 주인으로 산다.
난 구경꾼이 아니요
내 역사의 주인이다.
모든 것은 나를 위해 있다.

태초의 창조에도
내가 있었고
나는 그와 함께
창조의 주역이었다.

나는 뒷전으로
물러서지 않는다.
역사의 한가운데에
내가 서 있다.

정면으로 부딪치면
두려움이 사라지고
두 눈으로 응시하면
실체가 드러난다.

시간의 주인은
시간을 지배한다.

나에게 주어진 시간은
내가 경영한다.

내가 내 역사의
주인으로 살아갈 때
그때 나는
영원과 이어진다.

후회함이 없는 삶,
최선을 다하는 삶,
영원이 아니라도 좋다.
미래가 보이지 않아도 좋다.

그것으로
나의 할 일은 끝이 난다.
나는 그것을 위해 존재한다.
언제나 나의 태양은 다시 떠오른다.

안식일이 사람을 위하여 있는 것이요 사람이 안식일을 위하여
있는 것이 아니니 이러므로 사람의 아들은 안식일에도 주인이
니라. Mark 2:27

13. 생명

모든 것은
생명을 위해 존재한다.
그렇지 않다면
그것은 악이 된다.

무엇이 우선인가?
생명인가?
그를 위한 제도인가?
율법에 얽매어 사랑을 버릴 수 있겠는가?

악을 행하는 것보다
선을 행하지 않음이 더 사악한 것이니
너희의 선으로
악을 이기라.

무서운 세상이다.
악한 자를 부러워하고
타락한 권세를 얻기 위하여
생명을 멸시한다.

삶의 명이란 무엇인가?
우린 무엇을 위하여 존재하는가?

끊임없이 던져야 할 질문.
그 명령에 답을 하라.

생의 한가운데에서 일어서라.
너의 손을 내밀라.
내가 너를 고치리라.
내가 이를 위하여 왔노라.

할 수만 있다면
나를 죽이라.
그리고 그 속에서
생명이 움트게 하라.

기꺼이 너희의 뜻대로
그렇게 해주겠다.
그것이 생명을 위한 것이라면
나는 소멸의 노래를 부르리라.

안식일에 선을 행하는 것과 악을 행하는 것, 생명을 구하는 것
과 죽이는 것, 어느 것이 옳으냐? Mark 3:4

14. 무리

무리들이 나를 찾는다 하네.
그들이 찾는 것은 무엇인가?
영원의 진리인가?
육신의 만족인가?

나를 섬기라 하지 말라.
나에게 절하라 하지 말라.
나를 나타내라 하지 말라.
나에게 기도하라 하지 말라.

하늘의 뜻을 깨닫고
거기에 자신을 바치라 하라.
그것이 바로
생명의 길인 것인즉.

진리를 향해 가는
작은 배를 준비하라 하라.
어둠의 바다를 뚫고
건너편으로 가라 하라.

자신의 참 나를 찾아
광야로 나가라 하라.

분요한 일상을 피해
명상의 자리에 앉으라 하라.

나를 만지지 말고
자신의 진아를 만지라 하라.
나에게 무릎을 꿇지 말고
생명에 무릎을 꿇으라 하라.

그것이 가장 복된 일이니
보이는 것에 현혹되지 말고
자신이 살아가는 자리에서
진리를 따르라 하라.

사람아.
생명의 사람아.
사람의 아들로 하여금
하늘의 아들이 되게 하라.

예수께서 무리가 에워싸 미는 것을 피하기 위하여 작은 배를
대기하도록 제자들에게 명하셨으니. Mark 3:9

15. 원하는 자들

당신이 부르시기 전에는
나아가지 않습니다.
나의 자리에 앉아
당신을 기다립니다.

당신이 부르실 날을 위해
한 송이 꽃을 준비합니다.
나 자신을 바친
영혼이 서려있습니다.

당신이 부르시기 전에는
일어서지 않습니다.
당신의 날을 기다리며
노래를 부릅니다.

안으로 익어 가
당신께 드릴 때까지
생명의 열매가 되어
당신을 기다립니다.

어느 날,
당신이 부르시면

당신 앞에 나아가
원하시는 자리에 앉겠습니다.

당신의 눈빛을 보고
당신의 음성을 들어
당신의 사람이 되는 그날을
얼마나 기다려야 하는 걸까요?

꽃이 떨어져야
열매를 맺을 수 있으니
시들어진 꽃잎이
당신의 뜻인가요?

당신의 이름이
내 가슴에 새겨 있으니
모든 것을 잃는다 해도
당신을 따르겠습니다.

또 산에 오르사 자기가 원하는 자들을 부르시니 나아온지라.
Mark 3;13

16. 모독

바람이 흘러가듯
역사는 흘러가고
강물이 넘실대듯
생명은 피어난다.

새 시대의 영을 거부하지 말라.
피어나는 꽃을 누가 막겠으며
흘러가는 강물을
누가 가둘 수 있겠느냐?

어리석은 일이다.
역사의 수레바퀴를 되돌리지 말라.
여기까지 걸어오기에
얼마나 많은 피가 흘렀는가?

하늘의 뜻을
거역하지 말라.
너의 조그만 힘을 보태어
생명의 역사가 흘러가게 하라.

나를 거부해도 좋지만
성령을 거부하지는 말라.

나의 뺨을 때려도 좋지만
작은 생명을 꺾지는 말라.

드러난 죄인이 있고
드러나지 않은 죄인이 있다.
역사의 진보는
돌이킴에서 일어나는 것.

하늘 앞에 무릎을 꿇는 자는
새로운 기회를 얻는 것이요
하늘 앞에 마음을 닫는 것은
그 기회를 거부하는 것이다.

누가 그를 지옥에
처넣을 수 있겠는가?
모두가 자기의 발로
스스로 걸어간다.

17. 어머니

어머니,
나를 찾지 마세요.
이것이 진정
당신의 뜻이 아니었나이까?

나를 위해
기도해주세요.
나를 밴 당신의 자궁이
복되게 해주세요.

당신이 잉태한 생명이
하늘의 뜻을 따르게 해주세요.
민중의 피 묻은 눈물을
가슴에 담게 해주세요.

이제 당신 곁을
떠나야 하나이다.
당신이 생명을 출산하듯
나는 나의 할 일이 있습니다.

누가 나의 형제며
누가 나의 모친입니까?

자신을 던져 하늘 뜻을 따르는 이.
그들이 나의 형제며 나의 모친이 아닙니까?

나를 축복해주세요.
나를 기쁨으로 보내주세요.
나는 나의 길을 걸어가야 하나이다.
역사의 십자가를 지고가야 하나이다.

이제 눈을 감으세요.
당신을 보내드리겠나이다.
당신의 가냘픈 어깨에서
슬픔의 짐을 내려놓으세요.

어머니,
생명의 어머니여!
지고의 사랑이여!
영원의 희망이여!

누구든지 하나님의 뜻대로 행하는 자가 내 형제요 자매요 어
머니이니라. Mark 3:35

18. 좋은 땅

날마다 내려오는
하늘의 씨앗을
두 손으로 곱게
받아듭니다.

하나라도
헛되이 떨어지지 않도록
언제나 깨어
기다립니다.

굳어진 땅을
깊이 갈아엎어
살아있는 땅으로
만들어갑니다.

생명의 씨앗이
살아갈 수 있도록
물을 주고
사랑을 줍니다.

싹이 트고
뿌리가 내리도록

돌을 골라내고
가시를 잘라냅니다.

잘라낼 때마다
피가 흐르고
흩어진 욕망은
꿈틀대지만

나 자신과의
처절한 싸움으로
나의 자아를
땅속에 묻습니다.

오래 오래 썩어
백배의 결실을 맺는
생명의 땅이
되어갑니다.

더러는 좋은 땅에 떨어지매 자라 무성하여 결실하였으니 삼십
배나 육십 배나 백배가 되었느니라. Mark 4:8

19. 비밀

홀로 계시는
당신의 자리로
마음의 옷깃을 여미며
나아갑니다.

같이 있지만
홀로 계시고
홀로 있지만
함께 계시는

당신의 세계를
보게 하소서!
당신의 자리에
앉게 하소서!

아무나 들을 수 없고
아무나 깨달을 수 없는
오직 귀 있는 자에게만 허락되는
하늘의 비밀.

수없는 말씀이 떨어지고
영원한 진리가 내려오지만

보기는 보아도 알지 못하며
듣기는 들어도 깨닫지 못하는

이 캄캄하고
어두운 세상에서
귀를 열어주소서!
눈을 밝혀주소서!

당신의 비밀을
듣게 하소서!
당신의 자유를
알게 하소서!

말씀을 빼앗기지 아니하고
환난에 넘어지지 아니하며
세상의 염려와 유혹을 이겨내어
빛나는 생명의 열매를 맺게 하소서!

하나님 나라의 비밀을 너희에게는 주었으나 외인에게는 모든
것을 비유로 하나니. Mark 4:11

20. 등불

내 마음 속에
당신의 불이 있습니다.
영원히 꺼지지 않는
생명의 등불.

정성을 다해
그 불을 살립니다.
불은 항상
타올라야 합니다.

내가 어디에 있든
나의 자리에서
진리의 불을
밝힙니다.

불이 꺼지면
찾아오는 어두움.
그것이 나는
그토록 싫었습니다.

하여 언제나 빛나는 등불이고 싶어
어둠을 밝히고

나 자신을 바쳐
희망의 불을 키웁니다.

아무리
세상이 어두워도
이것이 내가 노래를 부르는
단 하나의 이유입니다.

감추어진 것마다
드러나게 되고
봉해진 것마다
열려지게 될 것이니

그 희망으로
오늘을 살아갑니다.
이것이 바로 여기에 존재하는
내 삶의 의미입니다.

사람이 등불을 가져오는 것은 말 아래에나 평상 아래에 두려
함이냐? 등경 위에 두려 함이 아니냐? Mark 4:21

21. 열매

그 열매로 그를 안다 하셨으니
지금 여기에서
나의 열매를
당신께 드립니다.

싹이 나고
이삭이 나오고
그 이삭에 충실한
열매를 맺기 위해

태양을 받아내고
바람을 이겨내며
주어진 나의 자리를
지켜냅니다.

마지막까지 견디어 내면
뜨거운 열매가 남게 되겠지요.
온몸을 던져 버티다 보면
끝나는 날이 올 것입니다.

그때,
당신이 찾아와

추수를 하실 때에
당신의 창고에 들기를 원합니다.

날마다
다른 태양이 떠오르듯
날마다 역사는
진보합니다.

날마다 지구는 돌아가듯
역사의 수레바퀴는
완성을 향해
전진합니다.

익어 갈수록
머리를 숙이며
날이 지날수록
흔들리지 않습니다.

땅이 스스로 열매를 맺되 처음에는 싹이요 다음에는 이삭이요
그 다음에는 이삭에 충실한 곡식이라. Mark 4:28

22. 겨자 씨

너무 작은 것도 없고
너무 큰 것도 없다.
모두가 가능성이며
그 속에 꿈이 있다.

지극히 작은
가능성이 자라
가장 적절한 때에
생명의 역사를 이룬다.

포기하지 않고
체념하지 않고
마지막 돌을
던지지 않는다면

언젠가는
마침내
하늘의 숲이
우거지게 될 것이다.

씨알 하나에
마음이 들어있고

씨알 하나에
우주가 들어있으니

그 속에서
완성을 보고
그 속에서
미래를 본다.

본 자만
알 수 있고
믿는 자만
볼 수 있는 것.

생명의 역사는
우리가 흘린 피와
가슴을 적시는 뜨거운 눈물로
직접 써내려 가는 것이다.

겨자씨 한 알과 같으니 땅에 심길 때에는 땅 위의 모든 씨보다
작은 것이로되. Mark 4:31

23. 건념

여기가 거기이고
거기가 여기인가?
우리가 가야할 곳.
우리가 넘어야 할 곳.

해내지 못하면
눈을 감을 수 없는
나에게 남겨진
마지막 일.

그것을 해야 한다.
그것을 마쳐야 한다.
역사의 종지부를
찍어야 한다.

그걸 위해 내가 왔고
그것을 위해
내가 오늘까지
숨을 쉬고 있다.

삶의 호흡을
멈추지 않는다.

생명을 들이마셔
소원을 품어낸다.

한 번이라도
헛되이 숨을 쉴 수가 없고
한 번이라도
가볍게 앉을 수가 없다.

생명의 사람아,
마침내 건너야 할
우리의 마지막 강은
어디인가?

행복하여라.
강을 건넌 사람들.
그들은 영원한 안식을
누리게 될 것이니…

그 날 저물 때에 제자들에게 이르시되 우리가 저편으로 건너
가자. Mark 4:35

24. 군대

많이 먹어라.
많이 싸대라.
무엇이든 많은 것이 좋은 것이니
이것이 너의 이름이 아니냐?

적은 것은 능력이 없는 것이요
작은 것은 축복을 받지 못한 것이니
이것은 하늘의
뜻이 아니로다.

보라.
모두가 많은 것에 미쳐
눈이 돌아가 버렸다.
정신을 잃어버렸다.

고상한 척 하지 말고
거룩한 체 하지 말라.
체면이 밥 먹여주고
명분이 떡 쳐주더냐?

수염이 석자라도
먹어야 양반이고

지금 먹기엔
곶감이 최고인 것.

먹어도 크게 먹고
가져도 많이 가져라.
어차피 세상은
적자생존이다.

죽은 자는
말이 없다.
패자의 변명은
한낱 넋두리일 뿐.

안면을 몰수하고
짓밟고 일어서서
지금 떵떵거리며
부귀영화를 누려보라.

25. 생각

사람들의 목적은
자신의 욕망이었습니다.
나는 한낱 그들의
도구에 불과했습니다.

하지만 당신의 관심은
나의 영혼이었습니다.
나를 인간으로 보아준
단 한분, 생명의 사람.

그것이 내가 당신의 남루한
옷자락을 만졌던 이유였습니다.
당신의 옷자락만 만져도
나을 것만 같았습니다.

그러나 내가 당신의 옷자락을 만졌을 때,
나는 그보다 더한 깨달음을 얻었습니다.
당신의 능력은 옷자락이 아니라
당신의 내면에서 나온다는 것을.

우리의 생각은 위대한 것이요
우리는 생각대로 되는 것이며

우리의 기적은
믿음에서 나온다는 것을.

이제 내가 당신의 이름을 부르는 것은
당신을 통하고 당신을 의지해서
내가 구원을 받고자 함이 아니라
내 안에 있는 당신의 생명을 깨우기 위함이며

이렇게 날마다 깨어
당신 앞에 나아오는 것은
세상을 바라보고 사람을 의지하는
어리석은 의존성을 버리고자 함인 것이니

생명의 주여!
역사의 주여!
진정한 하늘을 보게 하소서!
우리의 영혼이 깨어나게 하소서!

이는 내가 그의 옷에만 손을 대어도 구원을 받으리라 생각함
일러라. Mark 5:28

26. 달리다굼(Talitha koum)

생명의 아이야,
죽은 자 가운데서
잠자는 자 가운데서
일어나라.

그만
어둠을 뚫고
너의 자리에서 일어나
생명의 노래를 부르라.

네가 있을 곳은
거기가 아니란다.
나와 함께
하늘의 길을 가자.

세상을 바라보지 말라.
사람을 의지하지 말라.
환경에 좌우되지 말라.
하늘만 쳐다보지 말라.

너 자신을 바라보라.
나는 네 안에 있다.

너의 역사 안에
내가 함께 있다.

헛된 기적을 구하지 말라.
허황된 것을 바라지 말라.
너의 영혼을 무덤으로 이끄는
세상의 영화를 꿈꾸지 말라.

너의 자리에서
새벽을 깨우라.
너의 자리를 지키며
영혼의 노래를 부르라.

네가 지금 할 수 있는
한 가지 그 일을 하라.
끝까지 포기하지 말고
너의 노래를 부르라.

그 아이의 손을 잡고 이르시되 달리다굼 하시니 번역하면 곧
내가 네게 말하노니 소녀야 일어나라. Mark 5:41

27. 배척

너희가 바라는 것은 무엇인가?
하늘에서 떨어진
너희와는 다른
어떤 것을 구하는가?

지금 네 옆에 있는 것은
가능성이 없는 것인가?
가장 깊은 깨달음은
일상에서 오는 것이거늘.

이것이 노예의 근성이며
이것이 사대의 본성이라.
남의 사과가 커 보이는 법이고
금단의 선악과가 탐스럽게 보이는 법.

같은 동족이면서
같은 부류이기에
오히려 다른 것 앞에
머리를 숙여야 하는가?

나를 바라보지 말라.
나를 의지하지 말라.

너희의 거지근성이
너무나 역겹도다.

언제까지
하늘만 바라보겠느냐?
어느 때까지
입만 벌리고 있겠느냐?

너희의 땅을 기경하라.
이를 악물고
자존감을 가지고
더 이상 손을 벌리지 말라.

너의 땅에
두 발을 딛고
눈을 부릅뜨고
너 홀로 살아가라.

이 사람이 마리아의 아들 목수가 아니냐? 야고보와 요셉과 유
다와 시몬의 형제가 아니냐? 그 누이들이 우리와 함께 여기 있
지 아니하냐 하고 예수를 배척한지라. Mark 6:3

28. 권능

너희에게
나의 능력을 주노라.
어둠의 귀신을 쫓아내고
탐욕의 역사를 물리치라.

너희를 위하여
아무것도 가지지 말라.
너희에게 필요한
모든 것을 예비하리라.

너희를 영접하는 집으로 들어가라.
어디서든지
그곳을 떠나기까지
거기에 머물라.

너희를 영접하지 아니하고
너희 말을 듣지 아니하거든
거기서 나갈 때에
너희 발의 먼지를 떨라.

문턱만 밟지 말고
나의 성소로 들어오라.

너의 삶을 나에게 바치라.
너의 생명을 나에게 던지라.

나에게 모든 것을 걸라.
한쪽 발만 걸치지 말고
너의 두 발을
나에게 딛으라.

너의 삶의 바탕은 어디인가?
무엇이 너를 지탱하고 있는가?
모래 위에 너의 집을 짓지 말고
진리 위에 너의 집을 세우라.

나와 함께 걸어가자.
나와 함께 살아가자.
생명의 나라를 이루자.
하늘의 세상을 만들자.

열두 제자를 부르사 둘씩 둘씩 보내시며 더러운 귀신을 제어
하는 권능을 주시고. Mark 6:7

29. 죽음

헛된 죽음은 없다.
모든 죽음은
그만큼 거기까지
가치가 있다.

의인의 죽음은
역사하는 힘이 많다.
죽지 않아서 문제인 것이지
죽기만 한다면 역사가 일어난다.

스승은 나에게
그것을 보여주셨다.
그는 죽음에 연연하지 않으셨고
죽는 것을 두려워하지 않으셨다.

무엇이든
두 눈을 부릅뜨고
정면으로 맞서게 되면
그것은 꼬리를 내리며 물러간다.

그 모습을 보는 것은
마음에 희열을 가져온다.

한 번 두 번 물리치면
자신감을 갖게 된다.

죽음도 연습이다.
연습을 많이 할수록
날마다 자신이 죽을수록
마지막의 죽음이 쉬워진다.

순교는 하루아침에
일어나지 않는다.
날마다 자아를 죽일 때
위대한 최후를 맞이하게 된다.

오늘도 나는
기꺼이 죽음 앞에 나아간다.
내 목이 잘리고 숨이 끊어져도
그들은 나의 영혼을 죽일 수 없다.

이는 세례 요한이 죽은 자 가운데서 살아났도다. 그러므로 이
런 능력이 그 속에서 일어나느니라. Mark 6:14

30. 너희가 주라

불쌍한 영혼들이다.
갈 바를 알지 못하고
갈퀴 같은 빈손을 휘저으며
무엇인가를 갈구한다.

참 목자가 없다.
자기를 던져
영혼을 인도할
진리의 빛이 없다.

여기에 먹을 것이 있을까?
저기에 구원이 있을까?
초점 없는 눈들이
어둠 속을 헤매고 있다.

너희가 먹을 것을 주라.
너희가 그들을 인도하라.
이것이 내가 이 세상에 온
목적이고 이유가 아닌가?

먹어도 먹어도
다시 먹어야 되는

하루의 양식이 아니라
영원의 양식을 주라.

당장 먹어야 되는
빵 한 조각이 아니라
영원을 해결하는
진리의 열쇠를 주라.

광야를 터뜨려
샘물이 흐르게 하고
영혼을 뒤흔들어
생명의 강이 흐르게 하라.

자신의 샘에서
물을 길어 올리게 하라.
세상을 바라보지 말고
진리의 삶을 살아가게 하라.

너희가 먹을 것을 주라 하시니 우리가 가서 이백 데나리온의
떡을 사다가 먹이리이까? Mark 6:37

31. 안심하라

두려워하지 말고
발을 내딛으라.
걷기를 시작하면
길이 생기리라.

어디든 처음에는
길이 없었다.
누구든 시작할 땐
처음 길이다.

항해를 시작하면
바람이 불어오는 법.
그것이 오지 않으면
움직일 수가 없다.

바람이 불어오면
역사가 시작된다.
그것이 미지의 세계로
데려다 주리라.

믿음을 가지라.
믿음을 잃으면

새로운 세계를
볼 수가 없으리라.

우리를 지나치지 마소서!
그냥 지나가지 마소서!
우리를 돌아보소서!
우리가 죽게 되었나이다.

소리를 지르지 말라.
너의 자리에 앉아
현실을 직시하라.
본질을 바라보라.

무엇이 보이느냐?
내가 보이느냐?
풍랑이 보이느냐?
보이는 그것이 너를 지배하리라.

예수께서 곧 그들에게 말씀하여 이르시되 안심하라, 내니 두려
워하지 말라. Mark 6:50

32. 손을 대는 자

오늘도 세상에
수많은 일들이 일어나지만
보는 자가 있고
보지 못하는 자가 있다.

지금도 하늘에서
수많은 소리가 들려오지만
듣는 자가 있고
듣지 못하는 자가 있다.

귀 있는 자는 들을 것이고
눈을 가진 자는 보게 된다.
듣는 자는 깨달을 것이고
보는 자는 알게 된다.

그것은 모두
자기의 책임이다.
누구에게라도
떠넘길 수가 없다.

생명의 길은
어디에나 열려 있다.

치유의 기회는
누구에게나 가능하다.

마음이 교만한 자.
마음이 무디어진 자.
마음의 문을 닫은 자.
진리를 향하지 않는 자.

하늘의 은혜를 거부하는 자는
생명의 길을 걸을 수가 없다.
그들은 문밖에서 슬피 울며
이를 갈게 될 것이다.

사랑의 손을 잡으라.
거룩한 옷자락을 만지라.
하늘의 세계를 바라보라.
영원의 나라로 들어가라.

예수께서 들어가시는 지방이나 도시나 마을에서 병자를 시장
에 두고 예수께 그의 옷 가에라도 손을 대게 하시기를 간구하
니 손을 대는 자는 다 성함을 얻으니라. Mark 6:56

2 장

무엇을 원하느냐

33. 부정

진정
무엇이 더러운가?
씻지 않은 손인가?
씻지 않은 마음인가?

참으로
무엇이 부정한가?
씻지 않은 발인가?
씻지 않은 탐욕인가?

너희가 날마다 손을 씻지만
더러운 마음은 씻지 않고
아침마다 성소에 들어가지만
거룩한 길을 걷지는 않는구나.

이 백성이
입술로는 나를 공경하되
마음은 내게서 멀리 있도다.
헛되이 나를 경배하고 있다.

나의 계명을 모욕하고
나의 교훈을 더럽히며

나의 성소를
불신으로 채우고 있다.

너희의 전통은 무엇인가?
너희의 정결례는 무엇을 위함인가?
너희는 무엇으로 영광을 돌리는가?
형식에 젖어 정신을 버리고 있도다.

무엇이든지 밖에서 들어가는 것이
사람을 더럽게 하지 못하고
사람 안에서 나오는 그것이
너희를 더럽게 하는 것이다.

타락한 마음에서
악한 생각이 나오나니
날마다 너희 마음을 씻으라.
너희의 마음을 정결하게 하라.

이 모든 악한 것이 다 속에서 나와서 사람을 더럽게 하느니라.
Mark 7:23

34. 부스러기

당신 앞에 설 수가 없습니다.
당신의 사랑을 배반했습니다.
당신의 명령을 거역했습니다.
당신의 능력을 상실했습니다.

생명의 숨을 불어
세상에 보내셨는데
나를 어둠에서 건져
하늘의 빛을 삼으셨는데

찰나의 쾌락에 한눈팔아
천길 나락에 떨어졌습니다.
육신의 탐욕에 이끌려
무서운 죄를 저질렀습니다.

그러나 이제 여기에서
당신의 은혜를 간구하오니
내 삶의 남겨진 부분이 있다면
모두 당신을 위해 바치겠사오니

생명이 다하는 날까지
당신의 노래를 부르겠사오니

나에게 주어진 자리에서
진리의 불을 밝히겠사오니

부스러기라도 주십시오.
남은 찌꺼기라도 주십시오.
마지막 숨을 태운 재까지도
당신께 드리겠사오니

피가 맺히고
목이 터져도
당신의 끝없는 사랑을
영혼으로 노래하겠사오니

한 번만 기회를 주십시오.
당신의 진노를 거두시고
나의 하늘을 열어주십시오.
당신의 은혜를 내려주십시오.

여자가 대답하여 이르되 주여, 옳소이다마는 상아래 개들도 아
이들이 먹던 부스러기를 먹나이다. Mark 7:28

35. 에바다(Ephphatha)

귀가 열리니
입이 열리고
눈이 열리니
하늘이 열리도다.

하늘의 소리를 듣기 전엔
너희의 입을 열지 말라.
영혼의 귀가 열리면
너희 입도 열리리라.

너의 말을 하지 말고
하늘의 말을 하라.
육신의 말을 하지 말고
영혼의 말을 하라.

또 하나의 쓰레기를
세상에 남기지 말고
생명의 역사를 일으키라.
새로운 창조의 입을 열라.

말하려 애쓰지 말고
들으려 힘을 쓰라.

입을 열려고 하지 말고
귀를 열려고 하라.

입은 하나이고
귀는 둘인 것이니
말하는 것이 하나라면
듣는 것은 둘일지라.

너의 자리에 앉아
고요히 귀를 열라.
하늘의 소리가
들려오리라.

생명의 사람아!
영혼의 귀를 열고
사랑의 입을 열라.
그리고 진리의 길을 걸어가라.

하늘을 우러러 탄식하시며 그에게 이르시되 에바다 하시니 이
는 열리라는 뜻이라. Mark 7:34

36. 나눔

거기에서
기적이 일어났다.
자기의 것을 내어놓는 것.
그것이 기적이었다.

자기의 소유라는
그 의식을 버리고
가진 것을 나누고자 한다면
못할 것이 없다.

원래 나의 것이
어디에 있었던가?
우리는 무엇을 가지고
세상에 나왔던가?

세상에서 가장 비참한 것은
가난해 먹지 못함이 아니라
가진 것을 움켜쥐는 손이니
추한 욕망이 거기에 남는다.

없는 것을 생각하지 말고
있는 것을 생각하라.

문제를 보지 말고
목표를 보라.

너희에게 무엇이 있느냐?
네 손에 있는 것이 무엇이냐?
하늘이 너에게
부여한 것이 무엇이냐?

시간을 경영하고
너의 삶을 기경하라.
소유를 생각하지 말고
나눌 것을 생각하라.

쓰고 남는 것은
거두어 모아 두라.
가진 사람이 주인이 아니라
쓰고 나누는 사람이 주인인 것이니…

너희에게 떡이 몇 개나 있느냐? 이르되 일곱이로소이다. Mark
8:5

37. 표적

우리의 희망은
오직 그분이요.
지금까지 우리는
그분을 기다려왔소.

역사의 고비마다
그분은 우리 곁에 오셨소.
우리의 역사는
기적의 연속이었소.

생각해보시오.
그분 없이 어떻게
우리가 이 땅에서
살아남을 수가 있었겠소?

하늘을 뚫고 내려오시어
세계를 다스리는 전능자.
우리가 기다리는 분은
바로 그런 분이요.

당신은 우릴 위해
무엇을 할 수가 있겠소.

당신은 우리에게
무엇을 줄 수가 있겠소.

저 천한 것들에게
빵을 먹이고
병을 고쳐서
역사를 일으킬 수가 있겠소?

대답해보시오.
당신이 오실 그이요?
아니면 우리가 다른 이를
기다려야 하는 것이요?

표적을 보여주시오.
증거를 보여주시오.
그래야 우리가
당신을 따를 수 있지 않겠소?

어찌하여 이 세대가 표적을 구하느냐? 이 세대에 표적을 주지
아니하리라. Mark 8:12

38. 누룩

누룩을 생각하면
무엇이 떠오르는가?
부풀어 부드러운 맛있는 빵인가?
진리를 깨우치는 하늘의 빵인가?

사람들은 모든 것을
먹는 것으로 생각한다.
썩어질 육신에서
벗어나지 못한다.

바리새인들은 먹을 것을 가려
율법을 지키려 한다.
먹는 것을 통해
구원에 이르고자 한다.

그들은 육신을 버려
하늘에 이르고
고행을 통해
뜻을 이루려 한다.

헤롯은 세상에서 잘 먹고
영화를 누리고자 한다.

자기의 배를 위해
하늘을 저버린다.

저들은 육신을 길러
행복에 이르고
현실에 파묻혀
영원을 외면한다.

너희가 어찌하여
먹을 것으로 근심하느냐?
아직도 알지 못하며
아직도 깨닫지 못하느냐?

먹는 것이 문제가 아니라
먹는 이유가 문제인 것이요,
세상의 성공이 문제가 아니라
진리와 생명이 문제인 것을…

삼가 바리새인들의 누룩과 헤롯의 누룩을 주의하라. Mark 8:15

39. 무엇이 보이느냐

사람들이 길을 걸어가네요.
어디로 그렇게 가고 있나요?
무엇이 그리 바쁜지,
옆도 돌아보지 않네요.

그래도 눈은 뚫렸다고
앉아서 죽기는 싫다고
먹고는 살아야 한다고
끝까지 놓기는 싫다고

혼자 있으면 당한다고
우리가 남이냐고
끼리끼리 뭉쳐야 한다고
그래야 산다고

잃어버린 10년을
얼마나 이를 갈았는지
한번 잡았으니
절대 놓치지 않겠다고

절치부심.
후안무치.

안면몰수.
수단불문.

이제야 환히 보이네요.
이것이 보고 싶어
그렇게 애가 탔나요?
보기만 하면 소원이 없을 것 같았는데

하늘이 보고 싶어요.
진실을 알고 싶어요.
정의와 평화의 나라.
그것을 보여 주세요.

너의 집으로 돌아가라.
거기에서부터 시작하라.
마을에는 들어가지 말라.
때가 되면 내가 너를 부르리라.

예수께서 맹인의 손을 붙잡으시고 마을 밖으로 데리고 나가사
눈에 침을 뱉으시며 그에게 안수하시고 무엇이 보이느냐? Mark
8:23

40. 그리스도(Christ)

나는 위에 있지 않고
아래에 있다.
나를 찾으려 하는 자는
여기로 내려와야 한다.

나는 세상의 영광을 구하지 않는다.
고난과 버림을 받고
죽임을 당해야 한다.
그것이 나의 영광이다.

너희가 구하는 것은 무엇이냐?
너희가 원하는 길은 무엇인가?
사람의 일이냐?
하늘의 길이냐?

내가 가는 길을
갈 수가 있겠느냐?
나와 함께 있어야 할
자리로 내려오겠느냐?

누구든지 나를 따라오려거든
자기를 부인하고

자기 십자가를 지고
나를 따라야 한다.

누구든지 자기 목숨을
아까워하는 자는 잃을 것이요
하늘의 일을 위하여 자기를
버리는 자는 구원을 얻으리라.

사람이 온 천하를 얻고도
영원의 생명을 잃으면
무엇이 유익하겠느냐?
무엇을 주고 자기 목숨과 바꾸겠느냐?

누구든지
이 음란하고 죄 많은 세대에서
나의 길을 부끄러워하면
나도 하늘 앞에서 그를 부끄러워하리라.

너희는 나를 누구라 하느냐? 주는 그리스도시니이다. Mark 8:29

41. 변형

그때 그곳에서
모든 찌끼를 버렸습니다.
세상을 움켜 쥔 욕망이
한낱 헛된 것이었습니다.

그곳에선 모든 것이
다 똑같았습니다.
못한 것도 없고
더한 것도 없었습니다.

세상의 삶이
자신과의 싸움이었습니다.
눈을 안으로 돌렸습니다.
나 자신을 바라보았습니다.

거기에
내가 있었습니다.
분노와 억눌린 감정에 쌓인
내가 보였습니다.

속도가 문제가 아니었습니다.
할 수 있는 대로

갈 수 있는 만큼
걸으면 되었습니다.

숨을 아랫배에 모으고
눈은 정상을 향하여
끊임없이 앞으로 발을
내딛는 것이었습니다.

그것은
지구를 몇 바퀴 돌고나서
얻어지는 깨달음이었습니다.
그렇게 긴 시간을 돌아왔습니다.

그리고 다시 산을 내려왔습니다.
내가 걸어야 할 길이 보였습니다.
눈에서는 뜨거운 눈물이 떨어지고
가슴에선 생명의 노래가 흘러나왔습니다.

엿새 후에 예수께서 베드로와 야고보와 요한을 데리시고 따로
높은 산에 올라가셨더니 그들 앞에서 변형되사. Mark 9:2

42. 변론

말이 필요 없는 세계.
거기에서 살아간다.
우리는 다만
자기의 삶으로 이야기할 뿐.

진리를 다 안다고
떠벌리는 것은 맹신이다.
우리는 다만
자기의 생각을 말할 뿐.

기도는 주어진 자리에서
하늘의 소리를 듣는 것이다.
우리는 다만
자기의 소원을 가질 뿐.

우리는 모두
자기의 길을 걸어간다.
다만 길을 걸어가다가
잠깐 서로를 만나는 것뿐.

그 이상 더
무엇을 할 수 있겠는가?

우리는 잠깐
서로의 손을 잡는 것뿐.

모든 길은
하늘로 통하고
모든 역사는
길에서 나온다.

이것 외에 할 일이
무엇이 있겠는가?
우리는 다만
주어진 자리에서 최선을 다할 뿐.

역사가 일어나도,
역사가 일어나지 않아도,
그것은 우리의 소관이 아니다.
다만 희망을 가지고 자기의 길을 걸어갈 뿐.

믿음이 없는 세대여. 내가 얼마나 너희와 함께 있으며 얼마나
너희에게 참으리요? Mark 9:19

43. 첫째

하루의 첫 시간에 일어나
당신 앞으로 나아갑니다.
언제나 당신이
처음입니다.

자리에 앉아
당신을 기다립니다.
당신 앞에 나아감이
우선입니다.

깨끗한 마음을 준비하여
당신께 드립니다.
아무렇게나 그냥
드리지 않습니다.

당신의 자리에 거합니다.
낮은데 처하며
깊음 속의 높음이
나의 목표입니다.

섬기고 나누며
십자가를 지는데

첫째이고 싶습니다.
당신과 함께 길을 걷습니다.

하늘 아래 고요히 앉아
침묵에 들어갑니다.
당신처럼 언제나
흔들리지 않습니다.

당신 곁에서
당신을 생각합니다.
당신을 사랑하는
첫째이길 원합니다.

당신의 길을 따릅니다.
겸손하게
하늘의 길을 걸어가는
생명의 사람이고 싶습니다.

예수께서 앉으사 열두 제자를 불러서 이르시되 누구든지 첫째
가 되고자 하면 뭇 사람의 끝이 되며 뭇 사람을 섬기는 자가 되
어야 하리라. Mark 9:35

44. 실족

무서운 일이다.
하늘 두려운 줄 모르고
양심에 화인 맞아
자기 우상에 빠져있다.

하늘의 뜻을 빙자하여
민중을 기만하고
자기 배만을
채우고 있다.

실족하게 하지 말라.
먹는 것으로
그들을
유혹하지 말라.

거짓말하지 말라.
복을 주겠다고
그들을
꼬시지 말라.

복종하라고
쥐꼬리만 한 권력으로

그들을
억압하지 말라.

평안한 길이 있다고
쉬운 길이 있다고
그들을
속이지 말라.

하늘의 자리를 주겠다고
천국의 상급을 주겠다고
영원한 면죄부를 주겠다고
사기를 치지 말라.

많이 받으려 하지 말라.
많이 맡으려 하지 말라.
많이 준 자에게는 많이 찾을 것이고
많이 맡은 자에게는 많이 달라 할 것이다.

누구든지 나를 믿는 이 작은 자들 중 하나라도 실족하게 하면
차라리 연자 맷돌이 그 목에 매여 바다에 던져지는 것이 나으
리라. Mark 9:42

45. 한 몸

너의 반쪽이
어디에 있느냐?
서로의 반쪽을 찾음으로
하나가 되리라.

한 몸으로 하나 되어
하늘의 뜻을 받들라.
누구도 그들을
나눌 수 없으니

작은 단점은
감추어 주고
서로의 장점을 키워
상대를 빛나게 하라.

쾌락에 너의 몸을
맡기지 말라.
그것에 너의 삶을
허비하지 말라.

네 이웃의 집을
탐하지 말라.

가난한 이웃의 아내를
빼앗지 말라.

젊어서 취한 아내를
귀하게 여기라.
너의 서약을 깨뜨리지 말라.
그 샘에서 물을 길어 올리라.

자기 아내를 버리고
다른 데로 장가드는 자는
그를 지으신 창조주를
모독하는 것이요,

자기 남편을 버리고
다른 데로 시집가는 것도
그 자신을 더럽히는 것이라.
너의 몸으로 너의 창조주를 기쁘게 하라.

하나님이 짝 지어주신 것을 사람이 나누지 못할지니라. Mark
10:9

46. 어린아이

숨을 쉴 수 있게 해주셔서
감사를 드려요.
같이 있으니
너무 좋아요.

바람이 불어오면
꽃들이 피어나고
마음속에서
희망이 솟아나요.

하늘에서 비가 내리고
사막에서 물이 흐르고
세상은
참 신기해요.

사람들은 왜 그렇게
성을 내고
서로 싸우는지
참 모르겠어요.

손을 잡으면
두려움이 사라져요.

언제나 기도를 드려요.
평화의 노래를 불러요.

눈을 바라보면
기분이 좋아져요.
손을 잡으면
마음이 따뜻해요.

놓치지 않을 거예요.
이대로
언제까지
함께할 거예요.

누구도 나를
떼어놓을 수 없어요.
그것이 내가 바라는
전부거든요.

누구든지 하나님의 나라를 어린아이와 같이 받들지 않는 자는
결단코 그곳에 들어가지 못하리라. Mark 10:15

47. 영생

무엇을 해서
영생을 얻음이 아니라
자기의 존재를 깨달음이
영생인 것이니

밖에서 찾지 말라.
세상을 헤매지 말라.
고요히 자리에 앉아
본질을 꿰뚫어 살피라.

나를 선하다 하지 말라.
선하지 않은 것이 어디에 있으며
영원히 선한 것이
어디에 있겠는가?

분별심에 빠져
상대를 판단하지 말라.
선이라고 추종하지 말고
악이라고 내버리지 말라.

너의 소유를 팔아
가난한 자들과 함께 나누라.

그리하면 하늘의 보화를 얻으리니.
그리고 와서 나를 따르라.

길을 떠나라.
그렇게 일생을 순례하다
마지막에 집으로 돌아오면
내가 거기에 있으리라.

떠나지 않으면
알지 못하는 것.
진리가 거기에
있는 것이니…

하여 오늘도 나는
길을 떠나느니
일어나라.
함께 가자.

예수께서 길에 나가실새 한 사람이 달려와서 꿇어 앉아 묻자
오되 선한 선생님이여, 내가 무엇을 하여야 영생을 얻으리이
까? Mark 10:17

48. 무엇을 원하느냐

우리가 이렇게
당신을 따르오니
우리의 구하는 바를
우리에게 하여 주소서!

젊음을 바치고
시간을 바칩니다.
우리의 모든 야망을
당신에게 걸겠습니다.

자리를 원합니다.
영광 중에 오실 때에
하나는 당신의 오른 편에
하나는 왼편에 앉게 하여 주소서!

그래, 한 자리를 원하느냐?
그것이 너에게 안전을 주고,
그것이 너에게 가치를 주겠느냐?
사람들이 너의 대상인 것이냐?

군림을 원하느냐?
사람들 위에 올라 앉아

떵떵거리고 으스대기를 원하느냐?
네가 본 것이 그것이더냐?

소유를 원하느냐?
쌓아놓기를 원하느냐?
맘껏 배부르기를 원하느냐?
진정 그렇게 살고 싶은 것이냐?

권세를 원하느냐?
한번 자리를 잡아
권력을 내두르고 휘둘러
너의 한을 풀고 싶은 것이냐?

누구든지 크고자 하는 자는
너희를 섬기는 자가 되고
누구든지 으뜸이 되고자 하는 자는
모든 사람의 종이 되어야 하리라.

너희가 구하는 것을 알지 못하는 도다. 내가 마시는 잔을 너희
가 마실 수 있으며 내가 받는 세례를 너희가 받을 수 있느냐?
Mark 10:38

49. 불쌍히 여기소서

배부른 소리 말라.
맛이 있고
맛이 없는 것이
어디에 있겠느냐?

너희는 진정으로
그것을 알 수가 없다.
지금 당장 굶어 죽어가는 자에겐
맛이 문제가 아닌 것이다.

너희가 어찌 나를 알겠느냐?
수없는 세월을
가슴으로 울며
멸시를 받아왔다.

이제 때가 되었다.
그만 탄식을 그치고
그만 구걸을 끝내고
일어설 때가 되었다.

그분이 오셨단다.
생명의 사람.

누구든지 그를 만나기만 하면
살길이 열린다는데

이렇게 기다릴 수만은 없다.
내가 나서야 한다.
소리를 질러야 한다.
누가 거저 가져다주는 것이 아니다.

내 샘은
내가 파야 한다.
내가 먹을 물은
내가 길어야 한다.

다윗의 자손이여!
사람의 아들이여!
하늘의 사람이여!
나를 불쌍히 여기소서!

네게 무엇을 하여 주기를 원하느냐? 선생님이여, 보기를 원하
나이다. Mark 10:51

50. 나귀

나는 그와 같이 간다.
내 등에 그를 태우고 간다.
생명의 사람.
하늘의 아들.

사람들이 소리를 지른다.
호산나!
찬송하리로다.
주의 이름으로 오시는 이여.

그들이 진정으로
원하는 것은 무엇인가?
그들은 무엇을 위해
소리를 지르는가?

나는 안다.
그의 슬픔을…
그의 깊은 사랑과
하늘을 향한 염원을…

아무도 그를 알 수 없다.
아무도 그와 함께하지 않는다.

그들은 세상의 영광을
구하고 있다.

나는 그와
마음을 나누고 싶다.
그의 사랑을 느끼고 싶다.
같이 기도를 드리고 싶다.

그분과
같이 하기에
나는 이제 아무것도
두렵지 않다.

그가 나를 부르셨다.
나는 그와 같이
예루살렘에 오르고 싶다.
그의 마지막을 지키고 싶다.

너희는 맞은 편 마을로 가라. 그리고 들어가면 곧 아직 아무도
타 보지 않은 나귀새끼가 매여 있는 것을 보리니 풀어 끌고 오
라. Mark 11:2

51. 무화과나무

배가 고프다.
무엇인가 먹고 싶다.
나도 육신이다.
이것까지 버릴 수는 없다.

굶주린 사람들은
이것을 안다.
먹는 것이 전부는 아니지만
그것은 마지막 생존의 욕구이다.

허나 그것 때문에
인간의 존재이유를
망각할 수는 없다.
삶은 생존을 넘어선다.

그 무화과나무는
아무런 열매도 없었다.
잎사귀만 무성하게
자신만 키우고 있었다.

그는 무엇 때문에
거기에 서 있는가?

자기를 자랑하여
무엇을 하려는가?

언제나 준비되어야 한다.
누가 열매를 찾든지
나의 열매를
내어놓을 수 있어야 한다.

무엇 때문에
거기에 존재하는지,
그 이유를 항상
생각해야 한다.

나무는 열매를 맺어야 하고
샘은 물이 흘러야 한다.
그리고 우리는
생명의 노래를 불러야 한다.

멀리서 잎사귀가 있는 한 무화과나무를 보시고 혹 그 나무에
무엇이 있을까 하여 가셨더니 가서 보신즉 잎사귀 외에 아무
것도 없더라. Mark 11:13

52. 농부

이 사람아,
그건 네 것이 아니야.
너에게 잠깐 빌려 준 거지.
지금 무슨 생각을 하는 건가?

하늘 아래
너의 것이 어디에 있는가?
네가 잠깐 맡고 있는 거야.
그것을 알아야지.

아름답게 경작하여
네가 먹고 산 다음
주어진 것을
나누며 사는 거야.

그것도 하기 싫은가?
다 가지고 싶은 것인가?
모든 것을 누리고 싶은가?
마지막 남은 것까지 먹고 싶은가?

그것 때문에
같이 망하는 거야.

배가 터져 죽는 거야.
있는 것까지 빼앗기는 거야.

심은 대로 거두는 거야.
건축자들의 버린 돌이
성전 모퉁이의
머릿돌이 되는 거야.

버리는 데서 얻는
생명의 역사인거지.
너의 마음을 열고
하늘을 가슴에 품어보렴.

너는 세상에서
가장 멋진 일을 하는 거야.
하늘의 생명책에 영원히
너의 이름을 기록하는 거야.

한 사람이 포도원을 만들어 산울타리로 두르고 즙 짜는 틀을
만들고 망대를 지어서 농부들에게 세로 주고 타국으로 갔더니.
Mark 12:1

53. 삼가라

다 할 수 있지만
하지 않아야 될 것이 있다.
너무 높이 오르지 말라.
땅으로 떨어질 수가 있다.

다 가질 수 있지만
너무 많이 가지지 말라.
네가 너무 많이 가지면
누군가 적게 가져야 한다.

다 먹을 수 있지만
너무 많이 먹지 말라.
지금 너무 많이 먹으면
나중에 먹을 수 없게 된다.

너무 화려하게
치장을 하지 말라.
너의 순수한 마음이
가려질지도 모른다.

너무 강하게
너의 주장을 펴지 말라.

모든 사람은 다 제각기
자기만의 생각이 있다.

하루에
너무 많이 걷지 말라.
내일 걸을 거리도
있어야 한다.

오늘 할 일이 있고
내일 할 일이 있다.
내일을 위해 조금 남겨두는 것도
삶의 미덕이다.

높은 곳도 좋지만 낮은 곳도 있겠고
깊은 물도 좋지만 얕은 물도 괜찮다.
문제는 지금 여기에서
하늘의 뜻을 이루는 거다.

회당의 높은 자리와 잔치의 윗자리를 원하는 서기관들을 삼가
라. Mark 12:39

54. 전부

가난한 생명들 그 속에
당신은 거기 계시오니
당신의 성산을 오르며
당신의 길을 걷습니다.

당신의 소리를 들으며
당신의 얼굴을 뵈오며
당신의 세계로 들어가
당신의 호흡을 합니다.

당신의 역사 안에
당신의 평화 안에
당신과 함께
내가 있습니다.

당신 앞에 서서
당신의 음성을 들으며
매일을 살아갑니다.
당신이 나의 전부입니다.

나의 주어진 자리에서
생명의 노래를 부릅니다.

절망과 한숨은
이름도 부르지 않습니다.

나를 창조하셨으니
나는 당신의 형상이오니
당신의 이름을 더럽히지 않고
당신의 뜻을 거스르지 않기 위해

이렇게 당신 앞에서
당신의 시간을 살아갑니다.
나의 시간은 당신의 것이며
나의 몸은 당신의 성소입니다.

나를 쳐서 당신께 드립니다.
당신의 손을 잡고
하늘의 길을 걷습니다.
나의 전부를 당신께 드립니다.

그들은 다 풍족한 중에서 넣었거니와 이 과부는 가난한 중에
서 자기의 모든 소유 곧 생활비 전부를 넣었느니라. Mark 12:44

55. 미혹

너의 길은
네가 찾으라.
나를 바라보지 말라.
나를 의지하지 말라.

너의 삶은
네가 살아내는 것.
내가 어떻게 너의 삶을
살아줄 수 있겠느냐?

나는 너의 삶이
필요하지 않다.
나는 나의 삶을
살아낼 것이다.

다만 나는 손가락이니
내 손가락을 보지 말고
내 손가락이 가리키는
그곳을 보라.

누가 너에게
하늘을 보여주겠다고 하면

속히 그에게서 눈을 감으라.
하늘을 보면 눈이 멀게 된다.

누가 너에게
영생을 주겠다고 하면
너의 귀를 씻고 그에게서 멀리 떠나라.
그는 자기도 모르는 소리를 지껄이는 것이다.

누가 너에게
건물을 자랑하면
너 자신을 부끄러워하라.
네가 어떻게 살았기에 그렇게 보였느냐?

스스로 조심하라.
사람의 미혹을 주의하라.
난리의 소문을 들을 때에 두려워하지 말라.
끝까지 견디어내는 자는 구원을 받으리라.

많은 사람이 내 이름으로 와서 이르되 내가 그라 하여 많은 사
람을 미혹하리라. Mark 13:6

56. 가증한 것

하늘 부끄러운 줄 모르고
세상 무서운 줄 모르고
천방지축으로
날뛰고 있다.

있어서는 안 될 것이
올라서는 안 될 곳에 올라
생명의 역사를
더럽히고 있다.

너의 자리로 돌아가라.
죄악을 반복하지 말라.
겸손히 엎드려
네 삶에 책임을 지라.

본 대로 하지 말고
감정대로 하지 말고
패거리 만들지 말고
서로의 손을 잡으라.

높이 오르려 하지 말고
낮은 데로 내려오라.

네가 있어야 할
그 자리를 지키라.

지금까지 살아온
그 이유를 깨달아
하늘의 뜻을 이루라.
생명의 노래를 부르라.

그곳을 떠나라
애증을 버리라
미련을 남기지 말라.
뒤를 돌아보지 말라.

언제든지 떠날 준비를 하라.
무서운 심판이 임할 것이다.
하늘이 흔들리며 땅이 갈라지리라.
돌이킬 수 없는 환난이 시작되리라.

멸망의 가증한 것이 서지 못할 곳에 선 것을 보거든 그때에 유대에 있는 자들은 산으로 도망할 지어다. Mark 13:14

57. 영광으로

하늘을 바라보며
눈이 짓무른 자들에게
내가 찾아오리라.
그들의 눈물을 씻어 주리라.

날마다 영성의 산을 오르며
자신을 갈고 닦은 그들에게
내가 빛나는 보검을 주리라.
너의 욕망을 찔러 헤쳐보라.

주어진 길을 걷고 걸어서
누더기가 된 가죽신 들메를
내가 풀어 주리라.
그들의 발을 씻어 주리라.

때가 되면
내가 다시 와서
나의 처소로
그들을 인도하리라.

그들의 눈을 열어
하늘의 세계를 보게 하리라.

그때 그만
너의 아픔을 끝내리라.

가까이 오라.
자세히 보라.
무릎을 꿇라.
신을 벗으라.

오직 광야의 길을
걸어본 자만이
나의 길을 알게 되리라.
하늘의 문이 열리게 되리라.

그때 수많은 영혼들이
가슴을 치며 외치리라.
당신의 길을 보여 주소서!
당신의 길을 걷게 하소서!

그때에 인자가 구름을 타고 큰 권능과 영광으로 오는 것을 사
람들이 보리라. Mark 13:2

58. 깨어 있으라

언제나 당신이
문 앞에 계시온데
나는 문을 열지 않았습니다.
세상에 마음을 빼앗겼습니다.

수없는 세대가
내 안에 있었는데
나는 그 위대한 장면을
보지 못하고 있었습니다.

나는 눈 뜬 소경이었고
입을 연 벙어리였습니다.
오히려 그들이 복된 자들이었습니다.
이제 다시 일어나 당신 앞에 나아갑니다.

뜨거운 여름입니다.
가지가 연하여 지고
잎사귀가 나옵니다.
나는 그것을 보고 있습니다.

새벽에 일어나
당신을 기다립니다.

언제 당신이 찾아오실지
나의 영혼은 깨어있습니다.

잠들어 있을 수 없습니다.
마음을 놓을 수 없습니다.
깨어있지 않으면 지나가버리기에,
그것은 존재의 죽음입니다.

살아있다는 것이 무엇입니까?
당신 앞에서
나의 시간에
생명을 부여합니다.

수치를 당하고 싶지 않습니다.
주어진 세월을 허송하여
가슴을 치고 싶지 않습니다.
후회의 삶을 살아가고 싶지 않습니다.

주의하라, 깨어 있으라. 그때가 언제일지 알지 못함이라. Mark 13:33

59. 향유

아무도
나의 죽음을
예비하지 않았다.

그들은
발 씻을 물도
내게 주지 않았다.

나는 버려졌다.
나는 거부되었다.
나는 그들에게 반갑지 않은 손님이었다.

그대는
이런 심정을 아는가?
나는 세상에서 홀로 되었다.

그래,
누구나 홀로 죽는 것이다.
누구나 자기의 십자가를 지는 것이다.

하지만 그래도 누군가
함께해준다는 것은

일말의 위안이 된다.

그녀는 나의 이런 심정을 알아주었다.
자기의 가장 귀한 옥합을 깨어
나의 머리에 부은 것이다.

그것은
그녀의 향기였다.
나의 죽음을 준비한 사랑이었다.

누군가에게 사랑을 받는다는 것은
죽을 수 있는 충분한 이유가 된다.
나는 이제 웃으며 죽을 수가 있다.

기회는 많다.
그러나 내가 항상 너희와 함께할 수 있는 것은 아니다.
내가 먼저 가노니 내 뒤를 따라오라.

그는 힘을 다하여 내 몸에 향유를 부어 내 장례를 미리 준비하
였느니라. Mark 14:8

60. 도망자

나는 그렇게
죽기는 싫었다.
그들은 십자가에 못 박아
물과 피를 쏟아내 말려 죽였다.

벌건 대낮에
고통 소리가 하늘을 찔렀다.
핏빛 먼지가 마른 대지를 덮었다.
차라리 신음은 살아있다는 표시였다.

그들은 인간이기를 포기했다.
인간으로서는
도저히 그럴 수가 없었다.
나는 그들을 증오하기 시작했다.

나는 죽음에 맞설 수가 없었다.
그럴 준비가 되지 않았다.
나는 아직
나의 할 일이 남아 있었다.

나를 비겁하다 해도
어쩔 수가 없었다.

그것은 수치나 비난의
그런 문제가 아니었다.

나는 후일을 기약했다.
쉽게 삶을 마칠 필요는 없다.
사람은 때로는
지혜롭게 처신해야 한다.

내가 어떻게 할 것인가를
꼭 눈뜨고 보기를 원한다.
나는 이 일을 반드시
역사로 남겨야 한다.

그땐 나도 웃음을 지으며
그의 뒤를 따를 수 있다.
그러나 지금은 아니다.
나를 용서하지 않아도 어쩔 수가 없다.

한 청년이 벗은 몸에 베 홑이불을 두르고 예수를 따라가다가
무리에게 잡히매 베 홑이불을 버리고 벗은 몸으로 도망하니라.
Mark 14:51

61. 침묵

그의 길과
나의 길은 다르다.
그는 세상의 길을 가고
나는 하늘의 길을 간다.

그의 세계와
나의 세계는 다르다.
그는 보이는 세계를 살고
나는 보이지 않는 세계를 산다.

그는 명성을 추구하고
나는 초월을 추구한다.
그는 세상을 따르고
나는 진리를 따른다.

하여 그의 언어와
나의 언어는 다르다.
그는 영광을 말하고
나는 깨달음을 말한다.

그러니 어떻게 내가
진주를 땅에 던질 수 있겠느냐?

우리는 같은 땅에서도
다른 세계를 살아간다.

변명이 필요 없는
세계를 살아간다.
나는 나의 길을 가고
그는 그의 길을 간다.

그는 세상에 점을 찍고
나는 하늘에 점을 찍는다.
내가 서 있는 곳은
침묵의 세계이다.

나를 따르는 자는
나와 함께 간다.
내가 있는 곳에
그도 있다.

예수께서 다시 아무 말씀으로도 대답하지 아니하시니 빌라도
가 놀랍게 여기더라. Mark 15:5

62. 어둠

세상에서
가장 어두웠던 날.
하늘은 그를 버렸고
땅은 그를 내던졌다.

우리의 희망은 끊어졌다.
더 이상
세상에 살아있을
이유가 없게 되었다.

그렇게 그는 끝이 났다.
아무런 희망도 남기지 않은 채
그는 홀로
자기의 길을 걸어갔다.

마지막 절규가
어둠을 갈랐고
하늘의 장막은
두 조각으로 갈라졌다.

죽음이란
삶의 완성이다.

하늘로 들어가는
새로운 관문이다.

그는 그것을
우리에게 보여주었다.
자신이 어둠 속에 들어가
그 어둠을 깨뜨려 버렸다.

어둠은 두려운 것이 아니었다.
삶이 끝나고
새로운 삶이 시작될 때
삶 저편에 놓인 계단이었다.

누가 계단을 보고
두려워하겠는가?
그것은 하늘의 세계로 들어가는
또 다른 문이었다.

제 육시가 되매 온 땅에 어둠이 임하여 제 구시까지 계속하더
니. Mark 15:33

63. 해 돋을 때

깊은 밤이 지나면
새로운 아침이 오듯
새벽은 그가 오는 시간이다.
우리는 거기에서 그를 만난다.

매일 그 앞에 나아가는 사람들은
습관처럼
그가 찾아오는
그 시간을 기다리게 된다.

기다림이 없이는
만남도 없다.
그것은 스쳐가는
우연에 불과하다.

돌은 굴려졌고
문은 열려졌다.
결코 그를 그곳에
가둘 수는 없었다.

그는 그곳에
계시지 않았다.

우리보다 먼저 일어나
새벽을 준비하셨다.

새벽을 기다리는 자는
누워있을 수가 없다.
언제나 아침을 찾아
자리를 개키게 된다.

그가 가신 곳으로
나도 떠나야 한다.
그는 지금도 그곳에서
새날을 열고 계신다.

오늘도 새 하루는 시작되고
나는 길을 떠난다.
떠나는 자만이
역사의 새벽을 만나게 된다.

안식 후 첫날 매우 일찍이 해 돋을 때에 그 무덤으로 가며. Mark
16:2

64. 미션

위대한 믿음은
위대한 미션을 준다.
위대한 미션은
위대한 삶을 만든다.

사람이 문제가 아니라
삶이 문제이다.
말이 문제가 아니라
행동이 문제이다.

누구나 말은 할 수 있으며
누구나 숨은 쉴 수가 있다.
그러나 삶은 말을 증명하며
생명에 의미를 부여한다.

절실하게 살아갈
그 이유가 있어야 한다.
살아갈 이유가 있는 사람은
쉽게 죽을 수 없다.

하늘의 사람은
하늘의 미션을 가진다.

하늘의 미션은
하늘의 뜻을 이룬다.

하늘의 미션은
구원의 삶을 살아가는 것이요
미션이 없는 삶은
그것으로 정죄를 받게 된다.

하늘의 뜻을 따르는 자는
하늘의 세계에 오르게 된다.
하늘의 뜻을 이루어가는 자는
지금 여기에서 영원을 산다.

그들은 어둠을 쫓아내며
하늘의 새 방언을 말하며
어떤 해도 받지 아니하며
병든 세상을 고치게 된다.

너희는 온 천하에 다니며 만민에게 복음을 전파하라. Mark 16:15

3 장

당신의 나라가 임하소서

65. 마리아의 찬가

생명의 주여,
당신을 찬양합니다.
나에게 생명을 주셨으니
나는 생명의 어미가 되었습니다.

내 영혼이 주를 기뻐하며
내 마음이 주를 노래합니다.
비천한 여종에게
새 희망을 주셨습니다.

세상에 누가 나보다
더 복이 있다 하겠습니까?
나는 하늘의 생명을 잉태한
거룩한 자궁입니다.

악한 자들이
제일 두려워하는 것은
생명을 잉태하는 일입니다.
하늘의 생명을 낳는 일입니다.

당신의 여종에게
생명을 주셨으니

이 아이를
당신께 드립니다.

말씀의 젖을 먹이고
기도의 공을 들여서
하늘 아이로
키우겠습니다.

세상의 부가 어디에 있으며
세상의 권세가 무엇입니까?
당신은 권자들을 끌어내리시고
부자들을 빈손으로 보내십니다.

세상을 뒤바꾸는 일,
당신은 *그것*을 혁명이라 부릅니다.
나에게 큰일을 행하셨으니
당신의 은혜가 영원합니다.

그의 여종의 비천함을 돌보셨음이라. 이제 후로는 만세에 나를
복이 있다 일컬으리로다. Luke 1:48

66. 배척

생명의 주여,
우리는 지금
죽음의 골짜기를
지나고 있습니다.

어디를 둘러보아도
희망은 보이지 않고
구원의 손길은
사라졌습니다.

우리는 여기
역사의 폐허에서
절망의 꽃을
피우고 있습니다.

우리에겐 더 이상
할 일이 없습니다.
생명의 강가에는
고통이 흘러갑니다.

마지막 남은
성소는 사라지고

돌 하나 돌 위에
놓여 있지 않습니다.

우리가 붙들었던
구원의 뿔은 어디에 있습니까?
당신이 일으키셔야 합니다.
당신이 살리셔야 합니다.

이제 당신이
다시 일어나셔야 합니다.
결코 사라질 수 없는
노래를 불러야 합니다.

어둠의 그늘에 앉은 자에게
생명의 빛을 비추시고
우리의 발걸음을
인도하셔야 합니다.

우리를 위하여 구원의 뿔을 그 종 다윗의 집에 일으키셨으니.
Luke 1:69

67. 평화의 노래

전쟁을 그치라.
무기를 버리라.
어찌 인간이 인간을
살상할 수 있느냐?

그것은
너 자신을 죽이는 것이요
하늘의 형상을 파괴하는 것이니
세상에서 가장 무서운 죄악이라.

노예를 부리지 말라.
어찌 인간이 인간을
사고팔 수 있느냐?
그것은 자신을 파는 것이라.

땀 흘려 일하라.
일용할 양식만 구하라.
필요 이상 쌓아놓지 말라.
허황된 부를 구하지 말라.

마음을 비우라.
미움을 버리라.

소유욕을 버리라.
비교심을 버리라.

생명을 파괴하고
인간을 억압하는
그 어떤 것도
정당화될 수 없으니

너의 선으로 악을 이기라.
폭력으로 대항하지 말라.
너의 자비로
악의 실체를 드러내라.

그리고 마지막 하늘의 부르심을 따라
너의 육신을 버리고 나에게 오라.
언제나 어디서나
평화의 노래를 부르라.

지극히 높은 곳에서는 하나님께 영광이요 땅에서는 하나님이
기뻐하신 사람들 중에 평화로다. Luke 2:14

68. 하늘의 아이

하늘의 아이를 주셨습니다.
그는 우리의 구원을 위해
만민 앞에 예비하신
하늘의 빛입니다.

이제 주의 종은
눈을 감을 수 있게 되었습니다.
당신으로부터 왔다가
당신께로 돌아갑니다.

이때를
기다렸습니다.
남은 것은 모두
당신께 맡깁니다.

하늘의 표적을
우리에게 주셨습니다.
그는 사람의 마음을 드러낼 것이요
하늘의 칼로 영혼을 찌를 것입니다.

사람이 태어나서
어떻게 살아야 할까요?

무엇을 위해 살다가
이 세상을 떠나야 할까요?

모든 아이는
하늘에서 왔으니
하늘의 뜻을 따라야 합니다.
자신을 이길 줄 알아야 합니다.

본능을 충족하고
자아를 확대함이 아니라
하늘에 순종하고
하늘의 뜻을 세워야 합니다.

지혜롭고 강인하며
하늘의 뜻을 받드는
하늘의 아이가 되어야 합니다.
그가 생명의 나라를 이룰 것입니다.

예수는 지혜와 키가 자라가며 하나님과 사람에게 더욱 사랑스
러워 가시더라. Luke 2:52

69. 부르심

언제나 하늘의 소리를 듣는다.
언제나 그 소리로 살아간다.
소리가 없으면
생명도 없다.

흑암이 깊음 위에 있는
혼돈하고 공허한 땅.
거기에 생명의 영이 운행하신다.
그곳에 하늘의 빛이 비친다.

하늘의 소리가 들린다.
네가 선 곳은 거룩한 땅이니
네 발에서 신을 벗으라.
꺼지지 않는 불꽃을 본다.

스스로 있는 자.
자존자요 자유자며
궁극의 소리인
그가 나를 부른다.

그 어느 누구도
그의 백성을

압제하거나
착취할 수 없다.

광야에서 외치는 자의 소리가 있다.
소리로 존재하며
소리가 존재의 이유이며
그 소리로 역사를 깨운다.

진리로 자유를 얻으며
어둠에서 영혼을 건져내며
온 천하에 다니며
생명의 소리를 전한다.

생명의 증인이 된다.
생명의 노래를 부른다.
생명의 역사를 일으킨다.
이제 시작이다.

주의 성령이 내게 임하셨으니 이는 가난한 자에게 복음을 전
하게 하시려고 내게 기름으로 부으시고 나를 보내사 포로 된
자에게 자유를, 눈 먼 자에게 다시 보게 함을 전파하며 눌린 자
를 자유롭게 하고. Luke 4:18

70. 깊은 데로

천천히 가자.
그렇게 할 수밖에 없다.
아무것도 의지할 게 없다.
내 발로 걸어야 한다.

그냥 지나칠 수 없다.
손으로 만지고
눈으로 보아야 하고
가슴으로 품어야 한다.

하늘의 숨을
내 살로 만들어야 한다.
하늘의 양식을 먹고
하늘의 삶을 살아가야 한다.

하늘의 잔을 마시고
하늘의 길을 걸어야 한다.
영원한 하늘의 성소,
그곳으로 들어가야 한다.

그가 거하는 곳으로 가야 한다.
그와 함께

남은 삶을
살아내야 한다.

내가 그를 따르는 이유는
고기가 아닌 영혼이며
역사를 부여잡은
그의 거친 손이다.

무엇을 위해 살아가는가?
이제 후로는
사람 때문에 살아야 한다.
영혼을 살려내야 한다.

날마다
그를 찾아
깊은 데로 들어간다.
그곳에 그가 계신다.

말씀을 마치시고 시몬에게 이르시되 깊은 데로 가서 그물을
내려 고기를 잡으라. Luke 5:4

71. 물러가심

무엇 때문에
내게 오느냐?
무엇을 하기 위해
목숨을 유지하느냐?

너희가 나를 찾는 것은
하늘의 뜻을 온전히 따르고
진리를 깨치고자 함이 아니요
눈앞의 고통을 벗어나기 위함이니

손으로 하늘을
가릴 수 없고
말로 공허를
덮을 수 없는 것.

쉽게 얻는 것은
쉽게 사라지고
편안한 삶은
영혼에 기름이 끼게 한다.

모든 시간을 바쳐
그를 찾아야 한다.

올라갈 때 내려가야 하고
찾아올 때 물러가야 한다.

하늘 뜻을 이루는
생명의 길.
그 길을
걸어야 한다.

무엇을 주고도 바꿀 수 없고
목숨을 바쳐 깨우쳐야 하는
가장 거룩한
진리의 길.

하늘을 생각하며
그 길을 걷는다.
지금 나의 자리에서
그 길을 찾아간다.

72. 형제여

무거운 짐이
나를 억누르고 있었습니다.
나는 도저히
일어설 수가 없었습니다.

삶의 의욕을
잃어버렸습니다.
더 이상 산다는 것이
의미가 없었습니다.

그때,
그의 음성이 들렸습니다.
닫혔던 어둠이 갈라지고
하늘의 빗장이 풀렸습니다.

형제여,
너의 죄는 이미 사함을 받았다.
네 자리에서 일어나
너의 길을 가라.

사랑의 음성이 들리는 그 순간,
나에게 희망의 빛이 비쳤습니다.

세상이 아름답게 빛났습니다.
두 발에 새로운 힘이 생겼습니다.

살아야 했습니다.
길이 보였습니다.
저주의 삶에서
벗어나게 되었습니다.

이제 나의 길을 찾았습니다.
나를 지으시고
나를 세상에 보내신
그의 뜻을 발견했습니다.

그것은 그의 뜻을 따라
영원의 길을 걷는 것이었습니다.
합력하여 선을 이루는 것이었습니다.
다시는 죄의 길을 걷지 않는 것이었습니다.

예수께서 그들의 믿음을 보시고 이르시되 이 사람아, 네 죄 사
함을 받았느니라. Luke 5:20

73. 새것과 옛것

그들이 먹었던 물을
내가 마신다.
나에게 온 이 물은
언제 내렸던 비일까?

오래된 세계에
우리의 미래가 있다.
그 속에 기록된
역사의 진실을 본다.

옛것 없이 새것이 없고
새것의 바탕은
옛것의 죽음 위에 있다.
그 위에 내가 서있다.

언제나 나에게 찾아오는
무한한 사랑.
이것이 내가 그를
그리워하는 이유이다.

이것을 아는 자는 어둠에서 나와
새로운 공기를 마신다.

찬란한 햇빛을 맞이하며
무덤에 머물지 않는다.

박제 당하지 않고
움츠러들지 않으며
그의 앞으로 나간다.
뒤로 물러서지 않는다.

날마다
내 앞에 흐르는
샘물을 퍼 올리며
새 노래를 부른다.

새 포도주를
낡은 부대에 담을 수는 없지만
오래된 포도주는
새 부대에 담을 수가 있다.

묵은 포도주를 마시고 새것을 원하는 자가 없나니 이는 묵은
것이 좋다 함이니라. Luke 5:39

74. 불법

너에게
시간이 주어졌다.
아무도 사용하지 않았던
순결한 날들.

그 날에
하지 못할 일이 있고
해야 할 일이 있느냐?
아직도 거기에 머물러 있느냐?

무엇이 율법이고
무엇이 불법이냐?
사랑의 법을 완성하라.
너의 마음을 나에게 주라.

내가 원하는 것은
나를 기억하는 것이다.
내가 시간의 주인이라는 것.
그것이면 족하다.

너의 믿음을
육신의 목구멍을 위한

한 조각의 빵에
팔아먹지 말라.

너의 시간을
세상의 헛된 것에 허비하지 말라.
만 번의 해가 뜨고 지면
나에게로 와야 한다.

너의 영혼을
세상의 영화와 바꾸지 말라.
더러운 목숨을
구차하게 연장하지 말라.

하늘의 영을 모독하지 말라.
하늘의 뜻을 거역하지 말라.
네 손을 움츠리지 말라.
약한 자들에게 너의 손을 내밀라.

어떤 바리새인들이 말하되 어찌하여 안식일에 하지 못할 일을
하느냐? Luke 6:2

75. 치유

당신의 땅을
더럽혔습니다.
내가 서 있었던
땅을 잃어버렸습니다.

아무런 생각 없이
당신의 숨결을 마셨습니다.
나만을 위해
더러운 공기를 내뿜었습니다.

한 번밖에 없는
나의 시간을 들여
쓰레기를 만들었습니다.
돌아올 수 없는 강을 건넜습니다.

당신이 주신
태초의 호흡을 상실하고
빛나는 그 형상을
깨뜨려 버렸습니다.

우리는 정녕
다시 돌아갈 수 없을까요?

이대로 영원히
사라지게 되는 것일까요?

나 혼자라도
생명의 방주를 만들겠습니다.
당신이 기회를 주시지 않는다면
우리는 살아남을 수 없습니다.

우리를 고치소서!
이 땅을 치유하소서!
다시 한번
은혜를 베푸소서!

이 땅으로
내려오셔서
당신의 발을
여기에 딛으소서!

온 무리가 예수를 만지려고 힘쓰니 이는 능력이 예수께로부터
나와서 모든 사람을 낫게 함이러라. Luke 6:19

76. 지금

지금 가난한 자들은 복이 있다.
그들은 나를 찾을 수밖에 없다.
그들은 마음이 가난한 자들이니
하나님의 나라가 그들의 것이다.

지금 주린 자는 복이 있다.
적어도 그들은 남의 것을 빼앗아
자기 배때기를 채우는
그런 죄악은 저지르지 않고 있다.

지금 우는 자는 복이 있다.
그들은 하늘을 바라보며
탄원을 올릴 것이니
하늘이 같이 울어줄 것이다.

지금 세상에게 미움을 당하고
지금 세상이 그들을 멀리하며
지금 세상으로부터 버림을 당하는
그들은 복이 있다.

그 날에 기뻐하고 뛰놀라.
하늘이 대신 갚아줄 것이다.

세상의 권력을 잡은 자들이
선지자들에게 이렇게 하였다.

화있으라!
너희 지금 부요한 자여.
너희는 이미 배가 불렀다.

화있으라!
너희 지금 배부른 자여.
너희는 진리와는 거리가 멀다.

화있으라!
너희 지금 웃는 자들이여.
너희는 생명을 위해 애통하지 않는다.

모든 사람이 너희를 칭찬하면 화가 있으리라.
그것이 바로 세상이 그토록 좋아하는 것이니…

지금 주린 자는 복이 있나니 너희가 배부름을 얻을 것이요 지
금 우는 자는 복이 있나니 너희가 웃을 것임이요. Luke 6:21

77. 자비

너희 원수를 사랑하며
너를 미워하는 자를 선대하라.
너를 저주하는 자를 축복하며
너를 모욕하는 자를 위해 기도하라.

그를 비판하지 말라.
그를 비판하는 자는
그의 허물까지
가슴에 품어야 한다.

그의 아픔을
너의 마음에 받아 들여
그의 눈물을
너의 눈물로 씻으라.

그의 슬픔을
너의 슬픔으로 만들고
그의 한까지
너의 가슴에 품으라.

사랑하는 자를 사랑하는 것은
누구나 할 수 있다.

자기 사람을 사랑하는 것은
사악한 자가 제일 잘 한다.

사랑받을 만한 자를 사랑하는 것은
지극히 당연한 일인 것이니
그들은 하늘로부터
받을 상급이 없다.

너의 자비를
세상에 보이라.
너희 하늘 아버지도
이와 같이 하였다.

네가 대접을 받고 싶은 대로
먼저 남에게 대접하라.
네가 심은 그대로
네가 거두게 될 것이다.

너희 아버지의 자비로우심 같이 너희도 자비로운 자가 되라.
Luke 6:36

78. 온전

그가 나를 부르셨다.
그와 같이 있기 위해
그와 같이 일하기 위해
그와 하나가 되기 위해

내가 그를 택한 것이 아니라
그가 나를 택하셨다.
그가 내 눈을 밝히셨다.
생명의 눈을 뜨게 하셨다.

맹인이 맹인을
인도할 수 없다.
둘이 다 구덩이에
빠지게 된다.

눈을 뜬 자는
타인의 허물을 보지 않고
자신의 허물을 본다.
자신의 실상을 밝히 안다.

자신의 모습을 본 자는
그 앞에 무릎을 꿇게 된다.

그는 소유를 주장하지 않는다.
원래 그의 것은 아무것도 없었다.

못된 열매를 맺는
좋은 나무가 없고
좋은 열매를 맺는
못된 나무가 없다.

나무는 그 열매로
그를 알 수 있다.
가시나무에서 무화과를 딸 수 없고
찔레나무가 포도를 맺을 수 없다.

마음에 가득한 것이
입으로 나오는 법.
선한 이는 그 쌓은 선에서 선을 내고
악한 자는 그 쌓은 악에서 악을 내는 것.

제자가 그 선생보다 높지 못하나 무릇 온전하게 된 자는 그 선
생과 같으니라. Luke 6:40

79. 행함

그가 그곳에 계신다.
창조의 한가운데에서
죽어가는 생명을 부둥켜안고
뜨거운 눈물을 흘리신다.

그는 오늘도 피를 흘리신다.
역사의 한가운데에서
가난한 민중과 함께
십자가를 끌고 가신다.

너무 무거워
십자가를 질 수가 없다.
하지만 아무도 그를
돌아보지 않는다.

홀로 길을 걸어가는
그의 고통이 보인다.
전쟁과 착취의 한가운데에서
그의 신음소리가 들린다.

귀 있는 자는 들을 것이고
눈 있는 자는 볼 것이지만

영혼의 맹인과 역사의 농아들은
축복의 주문만 외치고 있다.

삶에는 아무런 관심이 없다.
입으로 사랑의 주를 부르며
자기의 욕망을 채우기 위해
그의 성소로 나아간다.

하늘의 뜻은 행하지 않고
세상의 복 받기를 바라고 있다.
그의 가르침은 따르지 않고
그의 제자가 되기를 원한다.

심지 않고 거두기를 원하며
일하지 않고 먹기를 원한다.
신령하게 하늘을 바라보며
놀라운 기적을 기다린다.

80. 위대한 믿음

생명의 주여,
우리가 무엇을 할 수 있겠습니까?
우리가 할 수 있는 것은
다만 믿음을 가지는 것뿐입니다.

조금만 아파도
하늘이 무너지고
조금만 기분이 상해도
아무것도 하지 못하며

조그만 일에도
마음에 상처를 받고
조금만 평안해도
유혹에 빠져드는

보고 싶고
먹고 싶고
쾌락을 누리고 싶어 하는
이 끈질긴 본능의 뿌리.

시도 때도 없이
솟아 올라오는

두려움과 공포.
절망과 체념.

믿지 못하고 맡기지 못하는
불안과 걱정.
버리지 못하고 내어놓지 못하는
이기심과 욕망.

싸구려 믿음이 아니라
위대한 믿음을 찾아서
당신이 감탄하는
그 믿음을 가지고 싶습니다.

죽어가는 생명을 위해
생명의 역사를 이루어가며
당신의 가신 길을 뒤따라서
생명의 삶을 살기를 원합니다.

내가 너희에게 이르노니 이스라엘 중에서도 이만한 믿음은 만
나보지 못하였노라. Luke 7:9

81. 울지 말라

누구나 한 번
가는 길이지만
아직 때가 되지 않아
이렇게 슬퍼하는 구나.

너무 빠르지?
그렇지?
아직 꽃도 피지 않았지?
아직 미소도 짓지 못했지?

모든 희망이
그에게 있었는데
모든 것을 그에게 걸었는데
이토록 허망하게 가버렸구나.

하늘이 캄캄하지?
살아갈 이유가 끊어졌지?
차라리 너의
목숨을 주고 싶지?

죽은 자를 메고 가는
비척거리는 발걸음은

땅에 붙어 떨어지지 않고
상여소리만 허공을 맴도는데

늘어진 젖가슴은
만 갈래 찢어지니
어머니의 마음은
어디로 흐르는가?

그러니
사랑하는 이여,
거기에 네 삶을 두지 말라.
거기에 네 집을 짓지 말라.

내가 다시 그를 일으키리라.
흩어진 생명을 붙잡아
그에게 부여하리라.
내가 네게 말하노니 일어나라.

82. 큰 자

모두가 절망에 빠져
잠들어 있었을 때,
분연히 일어나 역사를 깨운
한 사람이 있었으니

아무도 아니라고
말하지 못했을 때,
자리에서 일어나 진실을 외친
바로 그 사람이었으니

높은 곳을 파내
주의 길을 예비하고
낮은 곳을 높여
그의 길을 닦은 사람.

어둠의 광야에서
홀로 일어나
하늘의 소리를 외쳤던
생명의 사람.

피리를 불어도 춤추지 않고
죽음의 노래를 불러도

슬퍼하지 않는
패역한 세대 속에서

추호의 흔들림 없이
진리의 길을 걸어간
시대의 의인.
믿음의 거인.

우리도 그가 외친
그 생명의 길을 걸어가노니
이제는 행복이 아니라 거룩이요,
평안이 아니라 하늘의 뜻이라.

그 길을 그가 밝혔으니
이제 우리에게 남은 것은
오직 하나, 지혜는
그의 자녀로 옳다함을 얻느니라.

여자가 낳은 자 중에 요한보다 큰 자가 없도다. 그러나 하나님
의 나라에서는 극히 작은 자라도 그보다 크니라. Luke 7:28

83. 탕감

아무것도
보이지 않았습니다.
누구도 손을
건네지 않았습니다.

그러나 당신은
타다 남은 나무토막을
불 속에서
건져내셨습니다.

그리고 여기까지
나를 인도하셨습니다.
하늘의 길을
걷게 하셨습니다.

어떤 고난 속에서도
흔들리지 않게 하시고
믿음의 길을
걸어가게 하셨습니다.

세상이 알지 못하는
누구도 빼앗아갈 수 없는

하늘의 기쁨을
알게 하셨습니다.

가난한 영혼으로
나의 자리에서
생명의 노래를
부르게 하셨습니다.

누구도 마음을
휘젓지 못하게 하시고
어떤 상황에서도 자신을
잃어버리지 않게 하셨습니다.

그러하오니 생명의 주여,
당신께 이 마음을 드립니다.
아무에게도 주지 않고 간직했던
그 생명의 마음입니다.

그의 많은 죄가 사하여졌도다. 이는 그의 사랑함이 많음이라.
사함을 받은 일이 적은 자는 적게 사랑하느니라. Luke 7:47

84. 섬김

그것으로
나는 살아갔다.
그것이 없이 나는
설 수가 없었다.

그들을
욕하지 말라.
그들에게
손가락질을 하지 말라.

너는
나를 위해
무엇을 하였느냐?
기회는 항상 있는 것이 아니다.

마음을 주는 것.
생각의 한 구석에
조그만 자리를 남겨주는 것.
그것으로 사람들은 희망은 갖게 된다.

모든 위대한 역사는
여기에서 시작되었다.

이것으로 나는 살아남게 되었고
십자가를 질 수 있는 힘을 얻었다.

그것은
그렇게 큰 것이 아니다.
그저 한순간,
손을 내밀면 된다.

그것은 누구든
할 수 있다.
마음만 있으면
언제든지 가능하다.

슬픈 눈을 뜨고
손 내미는 영혼을 외면하지 말라.
죽어가는 생명의 아픔을
거부하지 말라.

헤롯의 청지기 구사의 아내 요안나와 수산나와 다른 여러 여
자가 함께 하여 자기들의 소유로 그들을 섬기더라. Luke 8:3

85. 비유

하늘의 문을 열고
비가 내려온다.
오늘도 그는
내려오고 싶다.

찾아오는 사람들을
그냥 보내지 않는다.
주고 싶고
살리고 싶다.

살아야 된다.
먹어야 된다.
천천히 곱씹어
행간을 읽어야 한다.

마음을 열고
받으면 된다.
눈을 열고
보면 된다.

자리에 앉아야 한다.
자신을 살펴야 한다.

귀를 기울여야 한다.
기도를 드려야 한다.

그것이 그렇게 어려운가?
무엇이 중요한 것인가?
소중한 것을
먼저 해야 한다.

마음을 부드럽게 하고
마음의 가시를 자르고
마음의 돌을 골라내어
옥토를 만들어야 한다.

씨앗이 떨어져
열매를 맺게 해야 한다.
무성한 잡초를 뽑아주고
진리의 물을 주어야 한다.

각 동네 사람들이 예수께로 나아와 큰 무리를 이루니 예수께
서 비유로 말씀하시되. Luke 8:4

86. 기도의 때

그 시간에
그가 오신다.
문을 열면 쏟아지는
하늘의 기쁨.

그와 함께 살아간다.
세상에 태어나
하늘로 돌아갈 때까지
그의 기운을 호흡한다.

그 앞에 설 때마다
그를 닮아간다.
그를 따라 날마다
거룩한 산을 오른다.

그처럼 걸어가며
그처럼 말을 하고
그의 마음을 가진다.
그는 지금 슬프다.

세상에 가득 찬
신성 앞에 선다.

그를 거역하지 않기 위해
머리를 숙인다.

언제나 뭇 생명과 대면한다.
그들은 미물 하나 밟지 않기 위해
땅을 쓸며
길을 걸었다.

삶이 너무 가볍다.
죄가 너무 무겁다.
잘 살아가야 되는데
욕망의 탑이 하늘을 찌른다.

하늘의 소리를 듣는다.
너희는 그의 말을 들으라.
그를 따라 산을 내려온다.
오직 그만 보인다.

기도하실 때에 용모가 변화되고 그 옷이 희어져 광채가 나더
라. Luke 9:29

87. 쟁기

손에 쟁기를 잡고
뒤돌아보지 말라.
목표를 바라보고
앞으로 나아가라.

고기 가마를
그리워하지 말라.
그들이 던져주는 부스러기로
너의 영혼을 채우지 말라.

세상의 영화에
미련을 갖지 말라.
해가 지면 사라질
그림자와 같은 것이니

그들은 약속의 땅에
들어가지 못하리라.
죽음의 바다에서
소금 기둥이 될 것이라.

죽은 자로 인하여
슬퍼하지 말라.

그는 그의 길을 간 것이니
너는 너의 길을 걸어가라.

산 자는 살아야 하고
죽은 자는 죽어야 하리라.
다만 우리가 할 수 있는 것은
잠깐 동안 그를 기억하는 것뿐.

죽은 자는
죽은 자로 하여금
장사 지내게 하고
너는 나를 따르라.

날마다 너 자신을
장사 지내고
날마다 너 자신이
살아나게 하라.

예수께서 이르시되 손에 쟁기를 잡고 뒤를 돌아보는 자는 하
나님의 나라에 합당하지 아니하니라 하시니라. Luke 9:62

88. 칠십인

생명의 주여!
때가 되었습니다.
당신의 사람을 보내소서!
당신의 진리를 밝히소서!

모든 사람이
그들을 기다리고 있습니다.
어두운 세상에 희망을 증거하고
사랑의 꽃을 피워낼 생명의 사람.

여기에
당신의 의인을 보냅니다.
그들은 죽음을 두려워하지 아니하고
언제나 의로운 길을 걸어갑니다.

하늘의 길을 걸어가는
생명의 도인들.
그들이 걸어가면
길이 생깁니다.

산다고 사람이 아니요
걷는다고 행인이 아니듯

입을 열어 말한다고
모두 진인이 아닐 것입니다.

어떤 일에도 흔들리지 아니하고
태산같이 든든히 서서
당신의 나라를 세우는
믿음의 거인이 필요합니다.

태초부터 세말까지
모두가 하나일진대
천하를 하나로 통하게 하는 사람,
장벽을 헐어버린 통일이 일어나야 합니다.

틀림이 아니요 다름이며
그것을 모아 조화를 이루어 가니
지금 여기에서 그 세계를 살아갑니다.
언젠가 그 나라가 찾아올 것이기에…

그 후에 주께서 따로 칠십 인을 세우사 친히 가시려는 각 동네
와 각 지역으로 둘씩 앞서 보내시며. Luke 10:1

89. 사랑의 길

못난 사람들.
가장 좋은 길이
너희 앞에 있을진대
헛된 길을 걸어가는구나.

귀인이 어디 있고
상놈이 어디 있나?
어디 하늘에서
신분이 갈라지나?

원래부터 다른 것이
무엇이 있었던가?
모두가 하나로
같이 사는 것이거늘.

서로 갈라져
반목과 질시를 일삼고
서로 잡아먹지 못해
안달을 하는구나.

당장 풀칠할 목구멍을 위해
하늘의 보화를 파괴하고

어머니 가슴을 파헤쳐
무덤을 만드는 구나.

망할 징조로다.
사라질 징조로다.
얼마나 피눈물을
흘려야 될 것인가?

사랑의 길을 가라.
죽음의 자리에서 벗어났으니
무서운 죄를 탕감 받았으니
하늘 백성이 되었으니

다시는
죄의 길을 걷지 말라.
또다시 멸망의 짓을
반복하지 말라.

90. 나라가 임하소서

생명의 주여,
검은 옷을 입은 사람들이
죽음의 춤을 추고 있습니다.
당신의 이름은 땅에 떨어졌습니다.

그들은 어디에서 왔습니까?
자기가 온 곳을 상실하고
하늘의 진실을 외면한 채
죽음의 땅을 배회하고 있습니다.

어디를 둘러봐도
당신의 모습은 보이지 않고
생명의 바람은 불어오지 않습니다.
메마른 땅엔 먼지만 켜켜이 쌓이고 있습니다.

생명의 비는 그쳤습니다.
비옥한 땅들이
황폐로 물들어
조각조각 갈라져 가고

죽음의 땅에는
죽음의 사람들이

거리를 활보하고 있습니다.
생명의 사람들은 능멸을 당하고 있습니다.

생명의 주여,
이제 당신이 일어서야 합니다.
이 땅에 생명의 계절이
오게 해야 합니다.

생명이
생명으로 일어서서
생명이 높임 받는
그 나라가 임해야 합니다.

생명의 바람이 불어와
뜨거운 땅이 식어지고
사람들이 제 정신을 차려
생명의 삶을 일구어야 합니다.

예수께서 이르시되 너희는 기도할 때에 이렇게 기도하라. 아
버지의 이름이 거룩히 여김을 받으시오며 나라가 임하시오며.
Luke 11:2

91. 가장 좋은 선물

생명의 주여,
구하는 자에게
가장 좋은 것을 주겠다고 하셨으니
우리에게 생명의 영을 주소서!

희망의 영,
사랑의 영,
평화의 영,
이것이 아니라면

그것은 바로
죽음과 절망의 영이며
전쟁과 폭력의 영이오니
이것을 거부하게 하소서!

순결한 자들이
비겁한 자들이 아니라
가장 용감한 자들임을 알게 하시고,
저희가 믿는 그대로 살아가게 하소서!

믿는 그대로 사는 자들이
생명의 역사를 이루어가며

이 땅의 어둠을 몰아내는
하늘의 사람임을 깨닫게 하소서!

그들이 바로
세상의 빛이며
이 땅의 마지막 희망임을
알게 하소서!

진리의 깨달음이
죽음의 겁박을 이기며
영원의 세계를 결정하는
그 진실임을 보게 하소서!

믿음이 이토록 약한 것인가를
가슴을 치며 괴로워하고
천지의 개벽을 기다리는 그들에게
이제 그만 생명의 바람을 불어주소서!

너희가 악할지라도 좋은 것을 자식에게 줄 줄 알거든 하물며
너희 하늘 아버지께서 구하는 자에게 성령을 주시지 않겠느
냐? Luke 11:13

92. 빈 집

깡통 소리 들리면
거미줄이 보인다.
주인 없는 빈집에
수레 소리 요란하다.

참으로 부끄럽고
고개를 들 수가 없다.
깨달음이 없으니
생명도 없다.

무엇 때문에 살아가는지?
무엇으로 살아야하는지?
입을 열어 지껄이면
속물만 떠다닌다.

염치도 없고
분수도 모르고
더러운 이름을
남기고 있다.

진리가 없으면
역사도 없다.

성화가 없으면
완성도 없다.

어둠의 집이 되어
쓰레기만 가득하다.
잡것들이 그득하여
흉물로 남게 된다.

집을 청소하듯
마음을 청소하고
진리의 주인을 모시고
자리에 앉는다.

헛된 것을 따르지 않고
나의 삶에 주인이 된다.
마음에 빛을 모시면
어둠은 물러간다.

더러운 귀신이 사람에게서 나갔을 때에 물 없는 곳으로 다니
며 쉬기를 구하되 얻지 못하고 이에 이르되 내가 나온 내 집으
로 돌아가리라. Luke 11:24

93. 탐심

우리의 마음은
우리를 존재하게 하고
우리를 살아있게 하는
생명의 동인이었다.

하여 마음은
우리의 삶을 위한
하늘의 선물이었다.
마음이 없으면 삶도 없었다.

이렇게 마음은
형체가 없는
의지의 결정이었다.
행동을 하려면 마음이 필요했다.

그래서 우리는
마음을 다스려야 했다.
마음은 수행을 시작하는
삶의 출발점이었다.

한 점 마음으로
우리는

자유인이 되기도 하고
노예가 되기도 했다.

마음 하나로
구원의 세계로 들어가니
그것은 하늘의
문을 여는 열쇠였다.

마음은 저주가 아니라
성화를 이루고
하늘의 세계로 들어가는 문이었다.
모든 것이 여기에 달려있었다.

여기에 길이 있었다.
우리는 마음을 통하여
또 다른 세계로 들어가게 되었다.
마음 하나 다스리면 되는 것이었다.

그들에게 이르시되 삼가 모든 탐심을 물리치라. 사람의 생명이
그 소유의 넉넉한 데 있지 아니하니라. Luke 12:15

94. 기다림

당신이 찾아오시면
기쁨으로 맞이하기 위해
나의 자리에 앉아
기도를 드립니다.

잠들어
그 시간을 놓쳐버리는
어리석은 신부가 되지 않으려고
날마다 이렇게 깨어있습니다.

지금까지
수많은 날들을 살아왔으니
삶의 여한은
남아있지 않습니다.

매일 떠오르는
해를 맞이하고
매일 지는 해를
곱게 보내드립니다.

세상을 거닐며
당신의 숨결을 만나고

거기에서
당신의 노래를 부릅니다.

나의 남겨진 삶은
당신께로 가기 위한
마지막 촛불을
밝히는 것입니다.

촛불이 아름다운 것은
자기를 태워
어둠을 밝히는
눈물이 있기 때문입니다.

오늘도 나는
당신께로 갈 준비를 합니다.
날마다 깨어나고 날마다 죽기 위해
내 자리에서 일어나 수행의 불을 밝힙니다.

너희는 마치 그 주인이 혼인집에서 돌아와 문을 두드리면 곧
열어주려고 기다리는 사람과 같이 되라. Luke 12:36

95. 청지기

원래 아무것도 없었는데
모든 것을 당신이 주셨는데
모두가 나의 것인 양,
움켜쥐고 살았습니다.

네 손을 내밀라.
가진 것을 나누라.
그리고 나를 따라오라 하셨는데
그 부르심을 외면했습니다.

뒤를 돌아보지 말라.
세상을 바라보지 말라 하셨는데
보이는 화려함에 빠져
당신을 잃어버렸습니다.

가장 좋은 것을
주신다 하셨는데
당신의 그 말을
믿지 않았습니다.

오늘도 당신은
병든 세상을 돌아보며

당신의 사람을 찾으시는데
아무도 당신을 돌아보지 않습니다.

당신의 탄식이 들립니다.
당신의 눈물이 보입니다.
나는 자리에 앉아있을 수가 없습니다.
그것이 나의 병입니다.

차라리 들리지 않았다면
차라리 보이지 않았다면
이렇게 나의 마음은
아프지 않았을 것입니다.

그러나
언젠가 버리게 될 것이고
언젠가 떠나게 될 것이니
조금 빨리 당신께 돌아갈 뿐입니다.

지혜 있고 진실한 청지기가 되어 때를 따라 양식을 나누어 줄
자가 누구냐? Luke 12:42

4 장

예루살렘을 향하여

96. 불을 던지는 자

하늘에서
불이 내려온다.
그 불이 가슴을 찌르는 칼이 된다.
나는 자리에 앉아 있을 수가 없다.

옷을 벗어던지고
불벼락을 맞는다.
제대로 타버려야
숯이 될 것이다.

미친놈의 세상.
미치지 않으면
내가 미친 것이다.
미쳐야 미치게 되겠지.

불을 던질 것인가?
똥을 먹을 것인가?
던지지 않으면
그것을 먹게 된다.

의인이 고난을 당하고
악인이 판을 치는 이 세상에

불이 붙어야 한다.
불에 살라져야 한다.

악을 불태우고
사랑의 불을 붙여야 한다.
자기의 자리에서 불을 밝히는 사람들이
세상을 덮어야 한다.

언제 그날이 올 것인가?
온 세상에
생명의 불이 타올라
환희의 미소를 짓게 될 날.

그 날을 위해
여기에서 기도를 드린다.
그것이 지금 내가 할 수 있는
유일한 일인 것이다.

내가 불을 땅에 던지러 왔노니 이 불이 이미 붙었으면 내가 무
엇을 원하리요? Luke 13:49

97. 분간

똥 위에 앉아
똥을 먹고 있다.
똥을 찍어 바르며
서로 히히덕거린다.
우리가 남이가?

똥을 싸
세상을 더럽히고
바다에 흘려버리는 것도
너무 아깝다.
수염이 석자라도 먹어야 양반이지.

똥인지 된장인지도 모르고
항아리에 담아
창고에 쌓아놓고
배때기를 두드린다.
내 영혼아, 평안히 먹고 쉬자.

너무 먹어 찔찔거리며
죽은 고기만 처넣어
똥이 나오질 않는다.
배 속에 똥만 그득하다.

먹고 죽은 귀신이 때깔도 좋다.

먹고 싸고
싸고 먹고
먹는 것이
최고의 낙이다.
못 먹어도 고다.

내가 먹어야
내 배가 부르지
네가 먹으면
내 배만 아프다.
먹는 것이 남는 것이다.

똥의 시대에
똥의 노래를 부르면
똥이 잘 나올까?
똥은 싸는 것이 아니고
낳는 것이거늘…

너희가 천지의 기상은 분간할 줄 알면서 어찌 이 시대는 분간
하지 못하느냐? Luke 12:56

98. 회개

누구의 죄인가?
눈앞에서
꽃들이 사라져갔다.
아무도 손을 내밀지 않았다.

그들은 서로
생명을 양보했다.
나보다 네가 살아야지.
나는 조금 있다가 나갈게.

무서워요.
살려주세요.
이대로 죽기 싫어요.
나는 할 일이 있어요.

그러나 그들의 마지막 소원은
물속에 잠겼다.
깊은 파도만이
그 위로 넘실댔다.

살아있다는 것이
너무 부끄럽다.

그들의 음모는
너무 잔인하다.

그렇게 덮으면
감출 수 있겠느냐?
그것을 키우고 덮어
너의 죄를 가리려 하느냐?

무서운 일이다.
하늘이 눈을 뜨지 않는다면
역사가 심판하지 않는다면
인간은 얼마나 포악해질 것인가?

내가 눈을 떠야한다.
눈을 번연히 뜨고
하늘의 심판을 기다려야 한다.
가슴을 헤치고 그의 칼을 받아야 한다.

너희도 만일 회개하지 아니하면 다 이와 같이 망하리라. Luke
13:3

99. 푸는 것

무엇이 합당한 것인가?
내가 너희를 보고 있다.
나는 너희가 한 일을
알고 있다.

하늘을 왜곡하고
진실을 가리려는
그 악행들을
기억하고 있다.

내가 분을 일으키면
아무도 설자가 없으며
아무도 막을 자가
없을 것이다.

너희는 지금
무엇을 하고 있느냐?
마음에 매인 것을 풀고
천만년 공덕을 쌓아도 모자랄 시간에

감히
하늘 아래

두 눈을 뜨고서
거짓과 악행을 일삼고 있다.

차라리 눈을 뜨지 않았다면
차라리 태어나지 않았다면
태산 같은 악업을
쌓지는 않았을 것인데

살았다 하니
입이 뚫렸다 하니
그 죄가
더욱 크도다.

하루를 살더라도
하늘 앞에 떳떳하고
순간을 살더라도
하늘의 뜻을 따라야 할 것이다.

그러면 열여덟 해 동안 사탄에게 매인바 된 이 아브라함의 딸
을 안식일에 이 매임에서 푸는 것이 합당하지 아니하냐? Luke
13:16

100. 제3일

누가 무어라 하든
나는 내 할 일을 할 것이다.
그리고 때가 되면
하늘로 돌아갈 것이다.

그때 나는 하늘의 뜻을 마치고
완전하여질 것이다.
다 이루었다는
노래를 부를 것이다.

마지막은 완성이다.
그 날은
나에게 주어진 삶의
절정이 될 것이다.

하지만 아직은
나에게 시간을 달라.
아직은 나의 할 일이
세상에 남아있다.

그들의 손을 잡아
일으켜야 한다.

그들의 가슴에
불을 던져야 한다.

그리하여 그들에 의해 내가 들려지고
그들이 깨어나서 나를 따라올 때
그때 나도 살아나게 되리라.
생명의 미소를 짓게 되리라.

지금은 너희가 나를 짓밟지만
그날에는
너희가 내 앞에서
무릎을 꿇게 되리라.

오늘은 여우의 날이고
내일은 사자의 날이겠지만
나의 날에는 하늘의 사람들이 일어나
승리의 노래를 부르리라.

너희는 가서 저 여우에게 이르되 오늘과 내일은 내가 귀신
을 쫓아내며 병을 고치다가 제3일에는 완전하여지리라 하라.
Luke 13:32

101. 초대

여기
내가 머물러 있는
나의 자리로 오라.
내가 거기에서 기다리노라.

언제부터인가?
내가 그 속에 꽃을 피웠도다.
억겁의 바람을 불게 하여
천년의 비경을 그렸도다.

아무도 보지 못했고
아무도 알지 못했던
창조의 손길.
태초의 나라.

내가 너를 위해 준비한
그 세계로 걸어오라.
모든 세월을 내려놓고
나에게로 오라.

네가 나를 위해
무엇을 하겠느냐?

그만두어라.
내버려두어라.

먼저
너 자신을 돌아보고
무엇보다
너의 참모습을 만나보라.

눈이 오고
비가 내리고
신비의 구름에 덮인
그 모습을 가슴에 품으라.

시간을 넘고
생각을 뛰어넘는
초월의 세계를 향해
지금 나의 자리로 올라오라.

102. 제자의 길

나는 스승과 함께 간다.
그가 나를 부른다.
세상에 한 번도 똑같은 날은 없다.
날마다 새로운 세계를 산다.

거룩한 산을 오른다.
삶이란 오르는 것이다.
오르다 보면
언젠가 끝이 나올 것이다.

산 위에 오르면
새로운 세계가 펼쳐진다.
오른 자만 알게 되는 하늘의 세계.
거기에 그와 나만 있다.

무릎을 꿇고
그 앞에 엎드린다.
먹을 것을 구걸하기 위함이 아니요
깨달음의 미소를 짓기 위함이다.

내가 사는 것이 아니요
내 안에서 그가 살고

하늘의 뜻을 따라
살아가기 위함이다.

행복이 아니라
거룩의 길이요
축복이 아니라
성화의 길이다.

이렇게 가다보면
어느 날,
모든 것이 변화된
영화의 세계로 들어갈 것이다.

그가 같이 가자고 한다.
하늘의 세계를 보여 주겠다 한다.
진정한 자유의 세계로
함께 가자고 한다.

누구든지 자기의 모든 소유를 버리지 아니하면 능히 내 제자
가 되지 못하리라. Luke 14:33

103. 잃은 양

나는 이들을 위해 왔다.
하늘 아래 더 이상
갈 곳이 없는 자들.
더 이상 물러설 곳이 없는 자들.

삶이 무엇인지
알지 못하는
휑한 눈동자엔
빗물만 흐른다.

내가 그들과 함께하지 않는다면
그들을 위해 일어서지 않는다면
아무도 그들을
돌아보지 않는다.

누가 그들을
일으켜줄 것인가?
길을 걸어가는 사람들은
자기 거울만 쳐다보고 있다.

자기 연민에 빠져
하늘의 음성을 듣지 못하고

하나 밖에 없는 삶의 가치를
잃어버리고 있다.

그러하니 어찌
푸른 강이 흐를 수 있겠는가?
모두가 가로막혀
썩어가고 있다.

무엇을 잃었고
무엇을 찾았는가?
찾도록 그렇게 찾지 않으면
아무것도 알 수가 없을 것이다.

오늘도 비는 내리고
나는 그들을 찾아간다.
내 하늘 아버지와 함께
생명 사랑의 길을 간다.

너희 중에 어떤 사람이 양 백 마리가 있는데 그 중의 하나를 잃
으면 아흔아홉 마리를 들에 두고 그 잃은 것을 찾아내기까지
찾아다니지 아니하겠느냐? Luke 15:4

104. 탕자

당신 안에 있으면서도
당신을 알지 못했습니다.
당신과 함께 있으면서도
당신의 뜻을 외면했습니다.

당신의 은혜로 살면서도
자비를 베풀지 못했습니다.
당신의 사랑 안에 있으면서도
당신을 사랑하지 않았습니다.

당신의 양식을 먹으면서도
먹을 것을 나누지 않았습니다.
당신의 호흡으로 살아가면서도
평화의 기도를 드리지 않았습니다.

당신의 옷을 벗기고
당신의 꿈을 빼앗고
당신의 부르심에
귀를 막았습니다.

나만을 바라보며
내 속에 파묻혀

하늘을 바라보지 않았습니다.
내 안의 욕망만을 바라보았습니다.

나는 울 안의 탕자였고
그는 울 밖의 탕자였습니다.
그는 자기를 아는 탕자였고
나는 나를 모르는 탕자였습니다.

그렇게 살면
될 줄 알았습니다.
그것이 내가 살아가는
최고인 줄 알았습니다.

그것이 모든 것인 양
음흉한 웃음을 지으며
나만의 행복에 빠져
당신을 짓밟고 있었습니다.

아버지, 내가 하늘과 아버지께 죄를 지었사오니 지금부터는 아
버지의 아들이라 일컬음을 감당하지 못하겠나이다. Luke 15:21

105. 충성

나에게 주어진
마지막 시간으로
당신 앞에 나아갑니다.
당신만을 섬기겠습니다.

어찌 당신께서
나의 섬김이 필요하리요마는
그래도 이 못난 종이 드리는
생명의 몸짓을 받아주소서!

당신이 주신 재물로
하늘의 친구를 사귑니다.
당신이 주신 목숨이오니
당신께 드립니다.

당신이 불어주신
그 생명의 호흡을
가슴에 간직하겠습니다.
결코 잃어버리지 않겠습니다.

당신이 나에게 주신
이 마음을 드리겠습니다.

아직도 살아있는
뜨거운 심장입니다.

부르심 받들어
깨달음 가지고
세상 것을 버리며
거룩함을 이루겠습니다.

나의 사랑,
나의 생명이여!
나를 드리오니
나를 바치오니

언제까지 이 길을 걸어가다
마침내 당신 앞에 이를 때에
그때 난 완성의 미소를 지으며
당신의 하늘로 들어가겠습니다.

집 하인이 두 주인을 섬길 수 없나니 혹 이를 미워하고 저를 사
랑하거나 혹 이를 중히 여기고 저를 경히 여길 것임이니라. 너
희는 하나님과 재물을 겸하여 섬길 수 없느니라. Luke 16:13

106. 살았을 때

아직 살아있을 때에
선을 행하라.
생명을 살리고
사랑을 베풀라.

아직 숨을 쉬고 있을 때에
기도를 드리라.
너의 간절한 소원을
하늘에 올리라.

아직 시간이 있을 때에
너의 창조자를 기억하라.
그의 발걸음을 따라
대자연을 순례하라.

하고 싶은 의지가
아직 남아있을 때에
모든 것을 버리고
그 소리를 따르라.

하늘의 음성에
귀를 기울이라.

하늘의 부르심에
너의 마음을 열라.

듣는 자는 깨달을 것이고
마음을 바치는 자에게는
생명의 기회가
주어지리라.

목말라 애타는 자는
하늘을 선물로 받을 것이고
수행에 정진하는 자는
완성을 이루게 되리라.

구하는 대로 받을 것이라.
순간을 구하는 자는 그렇게 사라질 것이고
영원을 구하는 자는
영생의 빛을 얻으리라.

너는 살았을 때에 좋은 것을 받았고 나사로는 고난을 받았으
니 이제 그는 여기서 위로를 받고 너는 괴로움을 받느니라.
Luke 16:25

107. 믿음을 더하소서

내 안에 거하소서!
당신은 은혜의 샘.
그 속에서 흐르는
지고의 생명수.

당신이 내 안에 거하시면
나는 그만큼 커질 것이고
내 안에서 마르지 않는
생수가 흐를 것이니

당신을 원합니다.
당신을 사모합니다.
나, 이렇게
당신을 기다립니다.

나에게 오소서!
내 안에 임하소서!
당신을 따르오니
나의 무릎을 꿇사오니

언제나 변함없이
그 자리에 계신

당신을 바라보며
이 길을 걷사오니

생명의 주여,
산을 움직이고
생명을 일으키는
그 믿음을 더하소서!

내 안에 오셔서
나를 살리셔서
거룩한 모습을 닮아가는
그 길을 걷게 하소서!

천년을 갈고닦아
당신의 뜻을 이루어가는
그 은혜를 더하소서!
그 축복을 더하소서!

너희에게 겨자씨 한 알만한 믿음이 있었더라면 이 뽕나무더러
뿌리가 뽑혀 바다에 심기어라 하였을 것이요 그것이 너희에게
순종하였으리라. Luke 17:6

108. 아홉은 어디 있느냐

돌아올 곳으로
돌아온 자는
단 한 명이었다.
나는 그 하나를 보기로 하였다.

아홉은 신이 나서
제 갈 길로 가버렸다.
자기가 돌아가야 할 곳이
그곳이었다.

우리는 어디로
돌아가야 하는가?
내가 돌아가야 할 곳은
하늘 아래 그 어디인가?

세상으로 간 아홉이
역사를 이루는 것은 아니다.
사람은 자기가 섬기는
그것을 따라간다.

생명의 사람 하나가
역사를 지배할 것이다.

깨달음을 얻은 사람이
생명을 이끌어 갈 것이다.

그것을
네가 믿는다면,
생명의 사람아!
숫자를 세지 말라.

그것에 대해
증언할 수 있는
수많은 사람들이
네 앞에 있으니

바벨탑을 바라보지 말라.
돌 하나 돌 위에
남아있지 않으리라.
뿔뿔이 흩어지리라.

예수께서 대답하여 이르시되 열 사람이 다 깨끗함을 받지 아
니하였느냐? 그 아홉은 어디 있느냐? Luke 17:17

109. 신국 (The kingdom of God)

내 안에
신국이 있다.
영원을 향해가는
생명의 나라.

그가 나를 부르셨고
그가 나를 택하셨다.
내가 그를 부른 것이 아니고
내가 그를 택한 것이 아니다.

욕망과 탐심을 버리고
말씀과 성령으로 거듭나
그를 모시고 살아가니
거룩한 길의 시작이다.

다 이루었다 함이 아니고
다 끝나버린 것이 아니라
날마다 시작이다.
새롭게 출발한다.

세상에 완성이 어디 있는가?
한순간 마음을 잃어버리면

죄가 발아래
엎드린다.

지금 나에게는
부족한 것이 없다.
모든 것이 족하고
모든 것이 선하다.

영원을 향해
나아가는 자들에겐
세상의 것들이
힘을 쓰지 못한다.

오직 그에게는
자기의 자리에 앉아
영원을 꿰뚫어보는
삶의 자리만이 남아있다.

하나님의 나라는 볼 수 있게 임하는 것이 아니요 또 여기 있다
저기 있다고도 못하리니 하나님의 나라는 너희 안에 있느니라.
Luke 17:21

110. 롯의 처(Lot's wife)

세상에 빠져
재물에 묶여
그것이 전부인 양
그 속에서 살았습니다.

하늘을 외면하고
나를 지으신
창조자를 거역하고
진리의 길을 찾지 않았습니다.

그의 뜻을 따르지 아니하고
그의 소리를 듣지 못하고
세상의 안락에 빠져
세월을 보냈습니다.

단순히
먹고 마시고
멋지게 사는 것이
내 삶의 전부였습니다.

버릴 것을
버리지 못하고

수없이 반복하여
또 다시 돌아갔습니다.

같이 타 죽지 못해
같이 멸망하지 못해
그곳을 떠나지 못하고
뒤돌아보았습니다.

그것을 잃어버리면
살아갈 수 없는 것처럼
그것이 내 삶을
지탱해왔습니다.

지금까지
세상을 의지하고
세상을 믿고 살았으니
어떻게 그것을 버릴 수가 있겠습니까?

그 날에 만일 사람이 지붕 위에 있고 그의 세간이 그 집 안에
있으면 그것을 가지러 내려가지 말 것이요 밭에 있는 자도 그
와 같이 뒤로 돌이키지 말 것이니라. Luke 17:31

111. 원한

무엇을 찾는가?
무엇을 구하는가?
어떤 한이 맺혀있어
이토록 잠을 이루지 못하는가?

그 원한이 무엇인가?
그것을 이루지 못하고는
도저히 눈을 감을 수 없는
그 한 가지 소원이 무엇인가?

이름 부르는 것을 따라가고
자기가 믿는 것을 닮아가고
생각하는 대로 이루어진다면
우리는 과연 무엇을 해야 하는가?

누구의 이름을 부르는가?
무엇을 믿고 있는가?
무엇을 생각하는가?
무엇을 따라가는가?

모든 것은
네 안에 있으니

밖에서 찾지 말고
안에서 찾아야 할 것이라.

마음의 심연 속에
하늘의 뜻이 있으니
천지의 진리를 꿰뚫어
화통에 들어야 하리라.

자리에 앉아
너 자신을 바라보라.
세상에서 헤매지 말고
네 안에서 진리를 찾으라.

모든 것이 네 손에 있으니
생명의 뜻을 이루며 살아가라.
그리고 너의 역사를 다 이룬 후에
나의 자리로 돌아오라.

---

112. 죄인

어찌하여
나를 부르시나이까?
나는 죄인이로소이다.
당신 앞에 머리를 들 수 없나이다.

어찌하여
하늘의 문을 여시고
당신의 세계를 보여주시나이까?
당신의 부르심을 감당할 수 없나이다.

어찌하여
당신의 음성을
내게 들려주시나이까?
나는 어떻게 해야 하나이까?

나를 버리소서!
나를 떠나소서!
나를 내버려두소서!
나는 죽어야 할 죄인입니다.

하루에도 열두 번
당신의 뜻을 거역하고

수없이 당신을 십자가에
못 박았나이다.

그러나
당신이 나를 부르시고
당신이 내 안에 들어오시니
다시 한번 당신께로 돌아가나이다.

이제부터라도
새 삶을 살겠나이다.
나를 불살라
역사의 제물로 드리겠나이다.

모든 것을 버리고
당신을 따르겠나이다.
생명의 노래를 부르겠나이다.
당신의 가신 길을 따르겠나이다.

세리는 멀리 서서 감히 눈을 들어 하늘을 쳐다보지도 못하고
다만 가슴을 치며 이르되 하나님이여, 불쌍히 여기소서. 나는
죄인이로소이다 하였더라. Luke 18:13

113. 삭개오(Zacchaeus)

당신이 내게로
오시나이까?
정녕 내 집에
머무시겠나이까?

그토록 당신을
뵙고 싶었나이다.
너무나 당신을
기다렸나이다.

우리의 희망이여!
우리의 꿈이여!
당신이 그 일을
해내셔야 하나이다.

나는 그 속에서
생존해야 했나이다.
어떻게든
살아남아야 했나이다.

나라고 배알이
없었겠나이까?

그래도 아직까지
뜻을 버리지는 않았나이다.

나는 내 자리에서
그 시간을 견디어냈나이다.
마지막까지
나의 자리를 지켰나이다.

이제 때가 되었나이다.
당신의 나라를 일으키소서!
당신의 역사를 시작하소서!
적은 힘이라도 보태겠나이다.

당신의 나라를 세우소서!
나의 재물을 드리겠나이다.
당신의 때를 기다리겠나이다.
생명의 기도를 드리겠나이다.

삭개오가 서서 주께 여짜오되 주여 보시옵소서! 내 소유의 절
반을 가난한 자들에게 주겠사오며 만일 누구의 것을 속여 빼
앗은 일이 있으면 네 갑절이나 갚겠나이다. Luke 19:8

114. 돌아올 때까지

한순간 마음을 놓으면
천지가 무너지고
수행의 삶은
끝이 납니다.

하늘의 보화를
내게 맡기셨으니
날마다 마음을
당신께 드립니다.

나만이 가지고 있는
그 보화를 캐내어
녹슬지 않도록
갈고닦습니다.

언제라도
당신이 찾으시면
여기 있다
내어놓기 위해

한순간도
마음을 잃지 않고

당신의 뜻을
생각합니다.

당신이 가신
거룩한 길을 따라
험하고 좁은 길을
걸어갑니다.

매일
하루를 열며
당신을 따라
길을 떠납니다.

당신이 돌아오시는 그날에
거기까지 걸어간 그 길에서
기쁨으로 당신을
맞이하기 위해…

그 종 열을 불러 은화 열 므나를 주며 이르되 내가 돌아올 때까
지 장사하라 하니라. Luke 19:13

115. 예루살렘을 향하여

이제 때가 되었다.
나의 마지막 목표인
예루살렘으로
올라가야 한다.

평화의 도시가 더럽혀져
폭압의 도시가 되어버렸다.
가난한 백성들의 신음이
천지에 가득하다.

이곳을 깨뜨려야 한다.
그의 나라를 세우기 위해서는
제국의 높다란 성벽을
허물어야 한다.

어둠이 내려앉아
진실을 가로막는
그곳이 핵심이다.
그곳이 소굴이다.

그곳을 흔들어야 한다.
내가 제물이 되어야 한다.

그들의 악을 드러내야 한다.
민중을 깨워 일으켜야 한다.

가만히 있으라!
그들에게 순응하는 것은
그들의 밥이 되는 것이다.
그들은 절대 스스로 물러나지 않는다.

피의 맛을 본 자는
스스로 흡혈귀가 된다.
악마는 쫓아내야 한다.
귀신은 물리쳐야 한다.

작은 자들을 가슴에 안고
선으로 악을 이겨야 한다.
흑암의 역사를 밝혀야 한다.
평화의 물결을 일으켜야 한다.

예수께서 이 말씀을 하시고 예루살렘을 향하여 앞서서 가시더
라. Luke 19:28

116. 돌들의 소리

침묵할 때가 있고
외쳐야 할 때가 있다.
지금은 소리를
질러야 할 때.

짖어야 할 때,
꼬리를 치는 개는
죽을 때가
가까이 온 것.

병들었거나
귀먹었거나
존재의 이유를
알지 못하는 것.

초월의 침묵이 있고
비겁한 침묵이 있으며
깨달은 자의 침묵이 있고
두려워하는 자의 침묵이 있다.

불의 앞에
입을 닫는 것은

죄악에 방조하는
비겁한 침묵인 것.

헛된 자랑보다는
침묵이 좋고
말보다는
글이 더 좋겠지만

지금 나는
더 이상 침묵할 수가 없다.
눈을 부릅뜨고
역사의 종말을 외쳐야 한다.

멈추지 않고
머리를 숙이지 않고
마지막 날이 올 그때까지
생명의 노래를 불러야 한다.

내가 너희에게 말하노니 만일 이 사람들이 침묵하면 돌들이
소리 지르리라 하시니라. Luke 19:40

117. 생명의 주

살아있을 때에
나를 찾으라.
나는 죽은 자가 아니라
살아있는 자이니

나를 섬기는 자는
내가 있는 곳에
그도 또한
있어야 한다.

생명의 삶을 창조하라.
삶을 박제시키는
죽음의 문화를
거부하라.

죽은 자의 이름으로
나를 부르지 말라.
거기엔 내가 있지 않으리니
산 자의 이름으로 나를 부르라.

죽음의 냄새가
천지에 진동하니

내 코가
진저리를 친다.

날마다
생명의 시체가
산을 이루고 있다.
죽음의 신음이 세상에 가득하다.

눈이 있어도 보지 못하고
귀가 있어도 듣지 못하니
살아있는 영혼을 찾기가
이토록 어려운 것인가?

내 안에 거하라.
너희는 모두가 한 생명이니
소리를 합하여 생명의 노래를 부르라.
그것이 진정 너희가 살아가야 할 길이니…

하나님은 죽은 자의 하나님이 아니요 살아있는 자의 하나님이
시라. 하나님에게는 모든 사람이 살았느니라. Luke 20:38

118. 스스로 조심하라

지금 너의 마음을
어디에 놓았는가?
지금 너의 생각은
어디로 흐르는가?

무엇을 바라는가?
넘어질까 조심하라.
마음의 흐름을 살피라.
삶의 열쇠가 거기에 있으니…

보상은 중독을 낳고
중독은 습관을 낳으니
어떤 보상을 구하는가?
어떤 삶을 살아가려는가?

쾌락을 추구함이
심연에 깔렸으니
본능에 탐닉하면
거기에 빠지리라.

깊은 곳을 보면
모든 것이 보이니

마음을 내려놓고
너의 자리에 앉으라.

삶의 목표를 세우고
매일의 수행에 정진하라.
하루의 문을 닫을 때마다
거기까지 하늘의 뜻을 성취하라.

습관을 정복하고
마음을 다스리라.
너의 모든 행동은
어디에서 나오는가?

정녕 그러하지 아니하면
너 자신을 잃어버리고
이를 갈고 슬퍼 탄식하며
영원의 죽음을 맞이하게 되리라.

너희는 스스로 조심하라. 그렇지 않으면 술 취함과 생활의 염
려로 마음이 둔하여지고 뜻밖에 그 날이 덫과 같이 너희에게
임하리라. Luke 21:34

119. 기억

당신은 홀로
주어진 길을 걸어가셨습니다.
당신은 사람을 의지하지 않으시고
당신은 세상을 바라보지 않으셨습니다.

당신은 언제나 하늘을 바라보셨습니다.
당신은 마른 하늘에서 비를 내리시고
당신은 닫힌 하늘에 길을 내셨습니다.
당신 옆에서 우리는 불이 되었습니다.

당신은 당신의 뜻보다 먼저
하늘의 뜻을 생각하셨습니다.
당신은 당신의 뜻을 구하지 않고
하늘의 뜻대로 되기를 구하셨습니다.

당신은 먹을 것을 생각지 않으셨습니다.
사람이 떡으로만 사는 것이 아니라
하늘에서 내려오는 말씀으로 사는 것이니
당신은 하늘의 말씀에 목말라 주리셨습니다.

당신은 항상
하늘과 교통하셨습니다.

하늘은 당신의 말을 들으셨고
당신은 하늘의 말을 들었습니다.

당신은 모든 것을 나누어주셨습니다.
마지막 피 한 방울까지
뼈에 붙은 살 한 점까지
남루한 겉옷까지 모두 나누어주셨습니다.

더 이상 당신에게
남은 것이 없었을 때
당신은 마지막 숨까지
우리에게 나누어주셨습니다.

우리는 지금까지
당신이 주신 그 숨으로 살아갑니다.
당신이 주신 그 영혼의 불을 생각합니다.
그토록 불태운 당신의 그 뜨거운 사랑을 기억합니다.

또 떡을 가져 감사기도 하시고 떼어 그들에게 주시며 이르시
되 이것은 너희를 위하여 주는 내 몸이라. 너희가 이를 행하여
나를 기념하라. Luke 22:19

120. 마지막 기도

억지로 하는 사람이
성공한 것을 보았는가?
마지못해 하는 사람은
마지못해 하는 결과밖에 낳지 못한다.

그대는 무엇을 좋아하는가?
그대는 무엇에 이끌리고 있는가?
그것을 나에게 말해준다면
나는 그대의 삶을 말해 줄 수가 있다.

사람은 자기가 좋아하는 것.
자기가 끌리는 것을 하게 마련이다.
하여 성공적인 행동을 좋아하고
그것에 끌리도록 만드는 것이 성공의 시작이다.

나는 자리에 앉을 때마다 하늘의 뜻을 생각했다.
나는 밥을 먹을 때마다 존재의 이유를 생각했다.
그렇기에 나의 삶은 기도가 되었고
나의 기도는 하늘의 뜻을 이루기 위한 행동이 되었다.

기도하기가 힘이 드는가?
그것은 밥 먹는 것이 힘드는 것과 마찬가지이다.

기도는 나의 밥이었고
기도는 하늘의 소리를 듣는 지고의 시간이었다.

나는 광야에서 기도했고
산에 올라가서 기도했다.
나는 사람을 만나는 것보다
하늘 앞에 기도하는 것을 좋아했다.

그렇기에 나는
십자가 위에서도 기도할 수 있었다.
그들이 나를 못 박을 때에도
나는 그들을 위해서 기도했다.

나의 최고의 기도는 겟세마네에서 올린 기도였다.
거기에서 나는 마지막 복종의 기도를 드릴 수 있었다.
그것은 나의 기도의 완성이었다.
그것은 평소에 해본 자만이 드릴 수 있는 승리의 기도
였다.

아버지여, 만일 아버지의 뜻이거든 이 잔을 내게서 옮기시옵소
서. 그러나 내 원대로 마옵시고 아버지의 원대로 되기를 원하
나이다. Luke 22:42

121. 이 것까지 참으라

우리는 이대로 물러갈 수가 없습니다.
우리도 한번 일어서야 하지 않겠습니까?
민주주의는 피를 먹고 자란다 하였듯이
당신의 나라도 그냥 이루어지는 것이 아닐 것입니다.

우리도 할 수 있습니다.
우리에게도 힘이 있습니다.
우리도 힘을 합쳐야 합니다.
마지막까지 싸워 승리를 쟁취해야 합니다.

천국은 침노하는 자의 것이라 하셨지 않습니까?
목숨을 걸고 싸우면 못할 게 없습니다.
그러면 기적이 일어날 수도 있습니다.
민중들도 우리에게 동조할 것입니다.

미친 운전수가 운전을 하여
수많은 사람들이 죽어나가는데
그를 끌어내리는 것이
하늘의 뜻이 아니겠습니까?

그들은 우리를
우습게보고 있습니다.

언제나 그랬듯이 우리가
일어서지 못할 것으로 생각합니다.

그러나 아직 우리는 죽지 않았습니다.
우리의 살아있음을 보여주어야 합니다.
우리도 할 수 있다는 것을 증명해야 합니다.
역사 앞에서 비겁한 자로 남기는 싫습니다.

여기서 죽는 자는 한 번 죽는 것이지만
더러운 목숨을 연명하기 위해 물러서는 자는
역사의 오명을 남기고
수없이 죽임을 당하게 될 것입니다.

이제 명령만 내리십시오.
나머지는 우리가 하겠습니다.
우리가 나가서 목숨을 바쳐 싸우겠습니다.
저 어둠의 세력들을 모두 깨트려버리겠습니다.

예수께서 일러 이르시되 이것까지 참으라 하시고 그 귀를 만
져 낫게 하시더라. Luke 22:51

122. 무지

지금 나는 안다.
인간이 얼마나 사악해질 수 있는지?
자신의 신장을 떼어주는 천사도 될 수 있고
남의 장기를 떼어내는 악마도 될 수가 있다.

인간의 아픔을 느끼지 못하고
이웃의 슬픔을 알지 못한다면
그들은 눈물과 비애를 외면하는
저주받은 영혼이 된다.

그들은 알아야 한다.
그러한 삶은
양심에 화인 맞은 사탄의 추종자가 되는 것이고
하늘의 뜻에 반하는 파멸의 지지자가 된다는 것을.

오늘도 수많은 괴물들이 세상에 출현한다.
아무런 부족함이 없이
자기 생각 속에 파묻혀
자기 배만 불리는 자들.

차라리 태어나지 않았더라면
좋았던 자들.

세상에 더러운 쓰레기만
남기는 자들.

자기가 하는 것을 알지 못한다는 것은
변명이 될 수가 없다.
사람은 모두
자신의 양심에 대한 심판자이다.

우리는 더 이상 물러설 곳이 없다.
믿음으로 받아들이든지,
아니면 희망을 포기하든지,
둘 중에 하나이다.

이제 용서는 결단이다.
어떤 상황에서도 하늘의 역사를 믿는
자신의 신앙고백이다.
그것은 하늘에 대한 우리의 믿음이다.

예수께서 이르시되 아버지, 저들을 사하여 주옵소서! 자기들이
하는 것을 알지 못함이니이다 하시더라. Luke 23:34

123. 낙원

세상에서 버림받은 자들에게는
그곳이 필요하다.
세상에서 그들은
갈 곳이 없다.

의를 위하여 싸운 자들에게는
그곳이 더욱 필요하다.
그들을 위한
보상이 있어야 한다.

불의한 자들은
대대로 잘 먹고 잘 살고 있고
하늘의 뜻에 따르는 자들은
대대로 빌어먹고 있다.

어차피 우린 모두
하늘에 붙어
빌어먹는
자들인데…

그것을 알지 못하고
빌어먹는 것을

부끄럽게 생각한다.
얼굴을 가리고 손을 내민다.

하지만 우리는
무엇이 진정으로 부끄러운 것인지
그것을 알아야 한다.
하늘 앞에는 아무것도 숨길 수가 없다.

마지막엔 모두가
드러나게 된다.
그래야 그들은 좀 더
잘 살려고 할 것이다.

세상에서 잘 살아간 자들은
그곳이 곧 낙원일 것이고
세상에서 헛되게 산 자들은
그곳이 곧 지옥일 것이다.

예수께서 이르시되 내가 진실로 네게 이르노니 오늘 네가 나
와 함께 낙원에 있으리라 하시니라. Luke 23:43

124. 무엇을 찾느냐

나는 살아있다.
나는 죽지 않았다.
나는 죽을 수가 없다.
나는 결코 죽지 않을 것이다.

어찌하여 무덤으로
나를 찾아오느냐?
어찌하여 죽은 자를 섬기듯
나를 예배하느냐?

나를 경배하지 말라.
나에게 기도하지 말라.
나에게 무릎을 꿇지 말라.
나를 찬양하는 노래를 부르지 말라.

너희 자신을 위해
생명의 노래를 부르라.
영원히 끝날 수 없는
희망의 노래를 부르라.

그들이 역사를 이루리라.
그들의 멈추지 않는 꿈이

세상을 아름답게 만들리라.
죽어가는 세상을 살리게 되리라.

나를 따라오라.
내가 걸어간 길을 걸으라.
그것이 너희가 살아갈 길이라.
생명의 사람으로 살아가라.

피 묻은 역사 속에
가난한 민중들 속에
내가 거기에
있을 것이라.

갈릴리로 가라.
거기에서
나를 만나게 되리라.
내가 언제나 그들과 함께하리라.

여자들이 두려워 얼굴을 땅에 대니 두 사람이 이르되 어찌하
여 살아있는 자를 죽은 자 가운데서 찾느냐? Luke 24:5

125. 엠마오로 가는 길

우리는 하늘의 숨을 받은
하늘의 사람들이거늘
생명의 사람들아.
어디로 가고 있는가?

어찌하여 너희의 얼굴에
수심이 가득한가?
사람의 아들이 고난을 겪은 후
영광에 들어가게 될 줄을 알지 못했던가?

무엇을 원하는가?
무엇을 따르는가?
원하는 것을 얻게 되고
생각하는 것을 이루게 된다면

너희가 걸어갈 길이 분명하지 않은가?
건물이 아니고 사람이며
형식이 아니라 정신이요
행복이 아니라 성화로다.

얻음이 아니라 버림이며
쌓음이 아니라 나눔이고

본능이 아니라 수행이요
입음이 아니라 벗음이로다.

얻고자 하는 자는
잃을 것이며
버리고자 하는 자는
얻게 될 것이니

사랑하는 자들아,
내가 이것을 위하여 왔노라.
이것을 이루기 위해
나의 삶을 바쳤도다.

내 삶을 마쳤으니
이제 슬퍼하지 말라.
더 이상 절망하지 말라.
내가 영원히 너희와 함께 있으리라.

그들이 서로 말하되 길에서 우리에게 말씀하시고 우리에게 성
경을 풀어주실 때에 우리 속에서 마음이 뜨겁지 아니하더냐?
Luke 24:32

126. 평강

하늘 높은 곳에 계신 당신이
이 낮은 곳에 내려오셔서
우리와 같이
하나가 되셨습니다.

진리의 길을 보여주시고
생명의 길을 걸어가시며
사랑의 길을 걸으라,
가르치셨습니다.

너희는 세상의 빛이니
세상에 진리의 빛을 비추고
너희는 세상의 소금이니
세상에 맛을 내라 하셨습니다.

누구든지 나를 따라오려거든
자기를 부인하고
자기 십자가를 지고
나를 따라오라고 하셨습니다.

세상 끝 날까지
우리와 함께 계셔서

평강을 주리라
약속하셨습니다.

생명의 길을 걷는 자들에게
하늘의 은총을 내리시고
성령의 능력으로
인도하실 것이며

하늘의 보상을 예비하시고
걸어가는 길마다
앞서 가셔서
길을 밝히시리니

죽어도 살아있으며
살아있을 때에도
영생의 삶을
누릴 것이라 하셨습니다.

이 말을 할 때에 예수께서 친히 그들 가운데 서서 이르시되 너
희에게 평강이 있을지어다. Luke 24:36

에필로그(Epilogue)

이렇게라도
당신을 따릅니다.
그때 당신이 그러셨던 것처럼
지금 나의 팔을 벌립니다.

우린 십자가 없는
부활을 즐기려고 합니다.
그러나 그런 십자가는
세상에 없습니다.

팔을 벌리려면
모든 것을 버려야 합니다.
내 자아를 비워
당신을 모십니다.

이것이 내가 할 수 있는
최선의 일입니다.
감히 당신 앞에 고개를 들 수 없기에
난 이렇게 팔을 벌리는 것입니다.

당신의 수치를 생각합니다.
당신의 절망을 가슴에 안습니다.
아, 그렇게 자아를 버리면
어떠한 애착도 사라질 것입니다.

이것이 오늘 나에게 보여주신
당신의 십자가입니다.
내가 걸어야 할
십자가의 길입니다.

이제 당신이
일어서야 합니다.
이것은 우리를 위함이며
당신 자신을 위함입니다.

그렇지 않으면 우린
당신을 볼 수가 없습니다.
우리에게 당신의 부활을
보여주셔야 합니다.